대한민국 직장인 스피치 교과서

**잘나가는 직장인의
커뮤니케이션은
다르다**

대한민국 직장인 스피치 교과서

잘나가는 직장인의
커뮤니케이션은
다르다

대한민국 직장인 스피치 교과서

잘나가는 직장인의
커뮤니케이션은
다르다

대한민국 직장인 스피치 교과서

잘나가는 직장인의
커뮤니케이션은
다르다

COMMUNICATION SKILLS

대한민국 직장인
스피치 교과서

잘나가는
직장인의
커뮤니케이션은
다르다

한수정 · 조향지 지음

BM 성안당

Prologue

66

신입부터 임원까지
잘나가는 직장인이 되기 위한
커뮤니케이션 기술의 모든 것

99

—————————— 아나운서를 비롯한 방송인 출신 강사들이 제법
많습니다. 필자들 역시 그들과 같은 강사입니다. 다만 약간의 차이가 있다
면 다소 이른 나이에 방송과 강의 시장에 입문했고, 이후 대기업에서 평범
한 대한민국 직장인 생활을 하다가 다시 방송과 강의 시장에 뛰어들었다
는 점입니다. 덕분에 미디어를 접목한 직장인 커뮤니케이션 강의들을 다
양하게 할 수 있었습니다.

우리는 하루에도 무수히 많은 '말'을 하고 살고 있지만, '말을 잘하는 사
람'이 드물다는 것을 알고 있습니다. 그냥 말을 하는 것과 직장에서 업무적
으로 인정받는 '말을 잘하는 것'은 엄밀히 다른데요. 그런데 또 말을 잘한
다고 해서 커뮤니케이션 능력이 뛰어나다고 볼 수도 없습니다.

이 책의 목적은 단순히 말을 유창하게 잘하는 데 두고 있지 않습니다. 직장 내 커뮤니케이션 능력을 키워 업무적으로 인정을 받는 과정에서 꼭 필요한 다양한 의사소통능력을 키우는 데 목적을 두고 있습니다. 커뮤니케이션의 달인까지는 아니더라도 입사 동기들보다 더 빠른 승진에 가속도를 낼 수 있게 도움을 주고, 연봉 앞자리 숫자를 바꿔주는 데 도움을 주는 책이라고 할 수 있습니다. 더 나아가서는 기업의 분위기와 조직 문화 등에도 긍정적인 변화를 줘 조직 활성화를 위한 커뮤니케이션 능력을 키운다고 봐도 좋겠습니다.

하루도 거르지 않고 매일매일 기업, 공공기관, 학교, 전문직, CEO, 연예인 등의 개인 코칭까지 다양한 교육을 하는 전직 방송인이자 현직 기업 교육 전문 강사 둘이 교육 현장에서 느꼈던 교육생들의 니즈들을 바탕으로 직장인들에게 도움이 될 만한 커뮤니케이션 능력 키우기 방법들을 책으로 묶었습니다. 수년간 강의를 한 필자들입니다. 두 필자의 강의 경력을 합치면 반백 년이 가까이 되는데요. 그런 만큼, 그간 얼마나 많은 조직과 또 많은 직장인 교육생들을 만났겠습니까? 단순한 스피치 능력이 아닌 직장생활에 도움이 될 만한 전반적인 커뮤니케이션 능력 향상에 실질적인 도움을 주고 싶었습니다.

달라도 너무 다른 사람들이 모여있는 조직인 직장. '회사 사람은 어디까지나 회사 사람이다.'라고 치부하기에는 너무나도 많은 시간을 함께 보내죠. 이 책을 통해 직장 내 구성원들과의 원활한 소통은 물론 성공을 부르는 커뮤니케이션 능력들을 얻길 바랍니다.

　감히 이 책을 대한민국 직장인들의 '커뮤니케이션 스피치 교과서'라고 말하고 싶습니다. 이 책을 손에 쥐고 계신 분이라면 분명 직장 내 커뮤니케이션에 있어 변화를 한 번쯤은 생각해 보셨던 분이실 겁니다.

　다시 한 번 조심스럽게 묻고 싶습니다. 언제까지 지인들의 승진과 높은 연봉을 부러워만 할 것입니까? 이제 그 부러움의 대상을 '나'로 만들어보면 어떨까요. 바로 이 책이 정답이 될 것을 기대합니다.

2019년 2월

저자 한수정·조향지

추천사

오랜 사업의 경험을 바탕으로 돌이켜보면 세상과 소통하는 것이 성공을 향한 첫걸음이라고 생각합니다. 그 소통은 누구나 연습하면 프로가 될 수 있구요. 방송 후배인 두 저자는 오랜 방송 경험과 스피치 강의를 접목해서 소통의 스킬을 쉽게 키울 수 있도록 이번에 멋진 책을 출판했습니다. 사회에 첫걸음을 내딛는 사회초년생들이나 사업을 준비하는 예비창업자 여러분은 반드시 이 책과 함께 세상과 소통하는 길로 나가십시오. 성공의 길이 보일 것입니다.

- ㈜스타콜라보, 대표이사 김민석

직장인들이 수십에서 수백 쪽의 보고서를 보고 직전까지 수십 번 수정하고도 정작 원하는 정확한 메시지를 전달하지 못해 실패하는 경우가 너무 많은게 현실입니다. 보고 내용만큼이나 정확한 메시지를 명확히 전달받는 것은 보고를 받는 입장에서는 의사 결정을 수월하게 만들어주는 훌륭한 보고이기에, 리더에게는 이런 조직원이 필요합니다. 이 책이 조직생활을 하는 모든 직장인에게 좋은 가이드가 될 수 있을 것이라 믿습니다.

- AK홀딩스, 대표이사 안재석

말은 소통의 수단이자 완성입니다. 말 한마디로 천 냥 빚을 갚는다지만 말 한마디로 천 냥 빚을 지게 되는 경우가 허다하죠. 보고 듣고 느끼고 소통하듯 내 뜻을 제대로 보여주고 들려주고 교감하는 방법이 뭘지 이 책이 말해주고 있습니다. 소통을 강조하는 소통 부재의 시대에 이 책을 통해 나를 표현하는 방법을 익혀보면 어떨까요.

- 전 MBC 아나운서 이재용

기업이 당면한 문제의 70%는 소통의 장애로부터 발생한다고 할 만큼 소통은 기업경쟁력의 원천입니다. 특히 구성원 간의 효과적인 커뮤니케이션은 기업 성장의 중요한 동력이죠. 기술적인 커뮤니케이션뿐만 아니라 공감지수를 높일 수 있는 내용으로 구성된 이 책은 바람직한 조직 소통 문화정착을 위해 꼭 읽어야 합니다.

– CJ대한통운, 커뮤니케이션 담당, 상무 한종희

열정의 스피커, 긍정의 리스너가 되기 위한 직장인들의 바이블! 진급이나 연차가 상승했음에도, 발전 없는 나를 발견했을 때 Next Level이 되기 위한 핵심요소는 오히려 본질에 있었습니다. 어떻게 말하고, 어떻게 행동하며, 어떻게 나를 표현해야 조직생활에 융화와 개성을 모두 이룰 수 있을지에 대한 해답을 준 책입니다.

– 현대카드, 기업문화팀, 수임 하징우

SNS와 같은 1인 미디어는 이제 젊은 층을 중심으로 커뮤니케이션 수단의 핵심이 되었습니다. 반면 대면 커뮤니케이션의 기회는 점점 줄어들고, 대인 커뮤니케이션 능력은 반감되는 현상을 무시할 수 없습니다. 이러한 시점에 이 책이 젊은 직장인들의 커뮤니케이션 능력 향상을 도와 온·오프라인에서의 커뮤니케이션 밸런스를 유지시켜 줄 좋은 지침서가 될 것을 확신합니다.

– 코웨이, 커뮤니케이션실, 홍보팀장 엄창용

대한민국 직장인들이라면 꼭 읽어야 할 책! 직장에서 능력 있는 사람으로 인정받고 인간관계까지 성공하고 싶다면 무조건 읽어야 할 책입니다.

– 한국도로교통공단, 대리 윤여진

일상적이고 당연하지만 쉽게 간과하는 직장 내 커뮤니케이션의 중요성을
일깨워주는 책. 그리고 직장생활 방법을 A부터 Z까지 확실하게 제시해 주는
똑똑한 직장생활 지침서입니다.

– 오토텔릭바이오, 대리 이정민

신입사원부터 중간 관리자는 물론 임원들에게도 큰 도움이 될 책이라고 생
각됩니다. 저를 10년 전으로 돌아가고 싶게 만든 책이었습니다. 직장생활에
유용한 꿀팁들이 알차게 담겨 있는 직장생활 백서. 10년 전에 이 책을 읽었
다면 적어도 연말 고과는 걱정 안 하고 살았겠구나 싶네요.

– LG전자, 디자인경영센터, 차장 윤정은

회사에서 자존감을 지키고 업무적으로 인정받고 싶은 꿈과 열정 많은 사회
초년생이라면 꼭 봐야 할 책입니다. 자신의 역량을 가시적으로 어떻게 하면
잘 보여줄 수 있을까 고민할 때 이 책을 만났습니다. 인간관계, 성과, 연봉을
모두 잡을 수 있는 한 줄기의 빛이 되어준 책. 직장인이라면 숙제처럼 학습
하듯 이 책을 꼭 읽어야 합니다.

– 삼성화재, 주임 오서진

4년 차 힘 빠진 직장인인 제게 현실적인 팁을 전해준 책으로 정말 큰 도움이
되었습니다. 혼자 보기 정말 아까운, "어머, 이건 꼭 읽어야 하는 책"입니다.
직장생활을 하는 지인들에게 추천하고 싶고 선물하기 좋은 책입니다.

– 법무법인 인터로, 주임 김효진

Contents

대한민국 직장인 스피치 교과서

잘나가는 직장인의 커뮤니케이션은 다르다

성공하는 직장인을 만드는 커뮤니케이션은 다르다

신입부터 임원까지
직장인으로서 직장생활을
'잘'하기 위해 필요한 역량은
바로 '커뮤니케이션' 능력이다.

" 오늘도 퇴사를 꿈꾸는 대한민국의 직장인들 "

사회생활이 별거냐 사람 사는 게 다 똑같지,
다니다 영 아니면 사직서 던지고 나오지 뭐!

제가 사회생활에 첫발을 내딛으며 배짱 좋게 했던 말입니다. 직장생활은 누구나 하는 것 정도로 여겼던 것인데요. 그러나 누구에게나 그렇듯 '원만한 회사생활은 어렵다.'라는 것을 얼마 지나지 않아 알게 되었습니다. 앞으로의 미래가 까마득했고, 업무역량은 점차 줄어드는 것 같았죠. 혹여 줄을 잘 잡을 수 있는 사회생활 능력이라도 있으면 좋으련만 그런 능력이 없다는 걸 절절히 확인하게 되면서 누구나 고민해본다는 '사업이나 창업'도 생각해봤습니다. 사실 이러한 고민은 저만의 것이 아닐 것입니다. 사회생활에 지친 친구들을 만나면 으레 하는 말이 "사표 내고 사업하는 게 속 편하겠어." 입니다.

업무를 하면서 본심과 달리 소극적이라는 지적을 받기도 하고, 중간에 일은 제대로 못 하면서 사회생활은 잘하는 얄미운 동료 때문에 사회생활의 피로감이 극에 달하는 상황은 누구나 한 번쯤은 쉽게 겪어볼 수 있는 경험일 텐데요.

얼마 전 만난 지인 A 씨도 그간 사회생활 가운데 갖고 있던 답답함과 고민을 하소연하며 사직서를 냈다고 말한 적이 있었습니다.

매일 죽어라 야근하면 뭐해?
회사에서 일만 잘한다고 되는 게 아니더라.
일은 못 해도 회식에서 분위기 잘 띄우고
줄 잘 서던 동기가 먼저 진급했어.
이렇게 마음고생 할 거라면,
더 늦기 전에 내 사업을 하려고….

이 하소연을 듣고 같은 고민을 했었던 저의 마음도 동했었죠. '나도 사업이나 창업을 해볼까?'라는 생각은 그렇게 제게도 찾아왔습니다. 그러나 A 씨가 던졌던 사직서의 결말은 해피엔딩이 아니었습니다. 멋지게 사표를 던지고 회사를 나왔던 그는 얼마 지나지 않아 다시 중견기업에 취직해 '월급쟁이' 생활을 시작하며 원래의 자리로 돌아가고 말았습니다.

아마 우리나라에서 사회생활에 지친 직장인들이 사표를 내고 가장 먼저 생각하는 일이 바로 '사업 혹은 창업'일 텐데요. 직장생활을 버티며 '욜로'(YOLO)를 간절히 꿈꾸는 사람들이라면 생활을 유지할 수 있는 최소한의

　　　／　잘나가는 직장인의 커뮤니케이션은 다르다

금액을 벌더라도 여유롭고 행복한 삶을 영위할 수 있기를 희망하죠. 그리고 그러한 삶을 꿈꾸는 지인들은 앞서 언급한 지인 외에도 쉽게 찾아볼 수 있었습니다.

세계 최고 반도체 회사로 꼽히는 대기업에 다니던 지인 B 씨는 직장생활 4년 만에 사표를 내고 스타트업(Start-up) 회사를 차렸습니다. 취업하기까지 꼬박 1년 동안 스펙을 쌓는데 올인했던 그가 그토록 간절히 원했던 직장을 과감히 그만두고 자신이 직접 IT 회사의 주인이 된 것이죠. 당시 '벤처신화'라며 연일 언론에 보도되던 한 기업가의 삶이 그 친구에게 영감을 주었던 것 같습니다. 과거엔 창업이라는 것이 소수의 창업가, 투자가, 정책전문가 등의 제한된 관심사였지만, 대중적인 관심사로 부상하면서 그 흐름에 B 씨도 몸을 던진 것이죠.

또 다른 지인 C 씨는 '생계 창업' 전선에 뛰어들기도 했습니다. 커피와 책을 좋아했던 C 씨는 내성적인 성격으로 인해 사회생활에 많은 어려움을 겪었다고 합니다. 자신이 맡은 일만 충실히 하고 직장동료와는 선을 그으며 그 이상 다가오지 않도록 물러나 있던 C 씨는 결국 '직장생활'에 적응하지 못하고 사직서를 냈죠. 그리고 퇴직금과 모아둔 적금을 바탕으로 연희동에 작은 북카페를 냈습니다.

그러나 불행히도 '욜로'를 찾아 떠났던 그들의 결말은 모두 다시 '월급쟁이'로의 복귀로 점철되었습니다. 패기와 열정으로 스타트업을 창업했던 B 씨는 중견기업에 다시 취직했고, 북카페를 창업했던 친구는 작은 인테리어 회사에 취직해 디자이너로 근무하고 있죠. 거창한 목표를 갖고 퇴사를 강행했던 친구들이 다시 돌아온 이유는 무엇일까요?

문제는 기본적으로 우리나라가 벤처나 창업의 역사가 짧아 생계형 창업을 지원하고 경쟁력을 제고시킬 여력이 없다는 데 있습니다. 창업지원 전문 인력이나 창업지원금 등에 대한 역량이 부족해 우리나라 창업 비율의 절대적 지분을 가지고 있는 생계형 창업에 대한 지원이 미흡한 상황이죠. 이러한 점은 결국 창업 기업의 줄도산을 일으키고, 창업자 비중도 감소하는 추세를 만들었지요.

결국, 우리나라는 '욜로'를 외치며 사표를 던지고 창업을 했던 이들이 대부분 다시 '월급쟁이'로 돌아올 수밖에 없는 구조적 문제를 안고 있다는 결론에 이르게 됩니다. 창업이 성공할 수 있는 경제적 지원 등의 환경적 요소는 절대적으로 부족하고, 그에 비해 '월급쟁이'가 수입을 얻을 수 있는 가장 안정적이면서 최선의 방법임을 이야기하고 있죠.

그렇다면 이제 우리는 커다란 창업 리스크를 짊어지는 대신 직장생활을 어떻게 하면 지혜롭게 보낼 수 있을지에 대한 고민을 시작해야 합니다. 어쩔 수 없다면 조금이라도 덜 스트레스 받으면서 더 인정받는 방법들, 즉 직장생활의 생존 핵심 역량이 무엇이 있을지에 집중할 필요가 있습니다.

직장생활의 생존 핵심 역량, 커뮤니케이션

—————————————— 직장생활의 생존 핵심 역량 가운데 하나로 '커뮤니케이션'을 꼽고 싶습니다. 사회생활은 인간관계가 복잡 다양하게 얽혀있고 극화될 수 있는 공간입니다. 때문에 생존 경쟁이 치열하다 보면 '사내 정치'라는 현상이 생기고, 왜곡된 신상필벌(信賞必罰. 상과 벌공정하고 엄격하게 주는 일)이 생기기 마련임을 우리는 잘 알고 있습니다. 그러한 현실적 상황에서 살아가는 우리에게 '커뮤니케이션'은 절대적인 핵심 역량이 될 수 있죠.

사실 커뮤니케이션의 본질적 의미는 '상호 간의 의사소통'을 말합니다. 여기서 상호는 자신이 아닌 타인을 말하죠. 타인은 서로 다른 사람이기 때문에 애초에 어떤 대상에 대해 완벽하게 일치하는 인식이나 견해를 갖는 것이 불가능하다는 뜻입니다. 그래서 같은 상황을 놓고도 얼마든지 다르게 해석할 수 있으며 실제 생활에서도 그런 종류의 인식과 이견은 숱하게 발생할 수 있죠. 서로 다른 경험, 지식, 의식, 관념을 가졌기에 같은 대상일지라도 다르게 인식하고 이해하는 것이 오히려 정상일 것입니다. 이렇게 대상에 대한 인식과 견해 차이, 정보의 불균형 등을 해결하는 과정이 커뮤니케이션의 본질이다.'라고 이해하는 것이 필요합니다.

직장생활 내 커뮤니케이션

———————————— 커뮤니케이션의 본질은 직장생활에도 별반 다르지 않게 적용됩니다. 단지 직장은 특정 목표 달성을 위해 모인 사람들의 '집단'이면서, 과정보다는 '결과'를 최우선으로 하는 조직이라는 차별성을 특징으로 가지고 있을 뿐이죠. 따라서 커뮤니케이션 문제가 민감한 이유도 바로 여기에 있습니다. 직장에서 커뮤니케이션은 아무래도 조직의 목표 달성에 영향을 주기 때문에 '효율성'을 우선으로 삼기 마련입니다. 커뮤니케이션 과정에서 효율성이 확보되지 못하면 구성원이 추구하는 목표 달성이 어렵고 이는 곧 직장의 존폐에도 영향을 미칠 수 있기 때문에 직장에서는 이와 관련해 크게 예민하게 반응합니다.

그뿐만 아니라 직장 내 커뮤니케이션의 효율성 추구는 직장인의 삶에도 영향을 줄 수 있는데요. 물론 '직장 상사에게 "아부"하는 것도 커뮤니케이션의 효율성을 추구하는 것이냐?'라고 묻는다면, 공통의 목표를 달성하기 위한 효율성은 아니라고 할 수 있습니다. 그러나 이를 개인적인 관점에서 살펴보면 아부를 하는 '개인'의 입신양명을 위한 효율성 추구라고 생각할 수 있지 않을까요?

다만 무엇보다 여기서 중요한 점은 우리가 논하는 커뮤니케이션은 일상의 관계를 맺기 위한 커뮤니케이션이 아닌 직장 내에서의 업무와 관련된 특별한 커뮤니케이션임을 구분할 수 있어야 합니다. 직장 내 커뮤니케이션을 모두 일적인 관계의 커뮤니케이션으로 치환해 생각할 필요는 없지만, 분명 직장 내에서는 조금 다른 종류의 커뮤니케이션이 존재한다는 것을 우리는 잘 알고 있습니다. 물론 굳이 그를 따로 구분 지어 생각하는 것이 인간미가 떨어지게 느껴질 수 있습니다. 그러나 안정적인 수익원이 확보되지도 않았고, 그렇다고 척박한 우리나라 창업 환경을 극복할 정도의 뛰어난 창업 아이템을 보유하고 있는 것도 아니라면 평범한 직장인인 우리는 사회생활에 최적화된 커뮤니케이션 전략을 통해 지혜롭게 사회생활을 해야 하지 않을까요? 어쩌면 직장생활의 비인간성을 감내하는 이유도 인간다움을 영위하기 위해서가 아닐까 합니다. 그러한 점에서 직장 내 커뮤니케이션 문제는 우리에게 있어 영원한 숙제라 할 만하죠.

02
" 직장인의 생존 핵심 역량, 커뮤니케이션 "

직장생활을 잘하기 위한 핵심 역량

─────────────── 앞서 우리 삶에 있어서 직장생활이 왜 필요한지를 확인했다면, 이번에는 커뮤니케이션의 중요성을 확인해볼 차례입니다. 사실 '직장'은 직장인들이 일과 중 대부분 시간을 보내는 곳이기 때문에 제2의 가정이라고 말할 수 있을 만큼 중요한 부분을 차지하고 있죠. 그렇다면 직장인으로서 직장생활을 '잘'하기 위해 필요한 역량은 무엇일까요? 일반적으로 신중함, 판단력, 친화력, 책임감 분야에 관한 전문지식 등을 꼽을 수 있을 것입니다. 그런데 최근에는 여기에 더해 한 가지 더 중요한 역량이 요구되고 있습니다. 바로 '커뮤니케이션' 능력이죠.

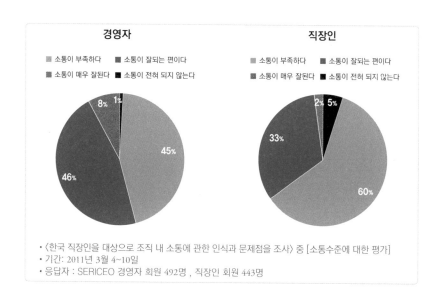

• 〈한국 직장인을 대상으로 조직 내 소통에 관한 인식과 문제점을 조사〉 중 [소통수준에 대한 평가]
• 기간: 2011년 3월 4~10일
• 응답자 : SERICEO 경영자 회원 492명 , 직장인 회원 443명

직장인 커뮤니케이션의 중요성

1 시대의 변화

누군가 '직장생활을 하는데 커뮤니케이션이 왜 중요한가?'를 묻는다면, 가장 먼저 '시대가 변했기 때문이다.'라고 답할 수 있습니다.

과거 우리 경제가 급속한 발전을 하던 시기만 하더라도 직장인에게 요구되는 역량은 현장관리 능력과 생산성을 최대로 높일 수 있는 개선관리 능력이 대부분이었죠. 하지만 21세기가 들어서면서 상황은 완전히 달라졌습니다. 특히 우리 기업들은 국내뿐만 아니라 해외에서도 살아남아야 하는데, 이를 위해서는 단순히 현장관리, 개선관리 능력만으로는 경쟁력을 확보할 수 없게 된 것입니다. 그러다 보니 해외 변화 흐름에 맞춰 '양적 성장'이 아닌 '질적 성장'이 필요해졌고, 이것은 경직된 조직 문화 혹은 일방적인 소통 방식에서는 달성할 수 없는 목표임을 인정하게 된 것이죠. 즉, 시대적으로 '소통 경영'이 요구되고 있다고 볼 수 있습니다.

이렇게 시대가 변화하면서 커뮤니케이션의 중요성은 더욱 커졌고, 커뮤니케이션의 주체와 방식 그리고 내용까지 함께 변했습니다. 예를 들어, 과거에는 조직의 리더가 커뮤니케이션의 핵심 주체로서 일방적인 '전달'을 행위로서 '독점'하고 그 내용 역시 '통제'했지만, 이제는 모든 직원이 커뮤니케이션의 주체로 등장하지요. 소통의 방식 역시 하향식에서 쌍방향, 수평적으로 바뀌었습니다. 이 모든 변화의 배경에는 시대적 요구와 함께 SNS(Social Network Service)를 통해 자신을 PR(Public Relations)하는 데 능숙한 요즘 직장인들이 많아졌다는 점도 하나의 요인으로 지목되고 있죠.

최근 직장생활에서 커뮤니케이션의 의의는 개인과 조직에 존재하는 다양한 벽을 허물고 서로 공감하고 협력하도록 만듦으로써 혁신을 달성할 수 있다는 것에 있습니다. 이런 점에서 직장생활에서 커뮤니케이션은 업무 효율을 높일 뿐만 아니라 원동력으로 작용할 수 있어 그 중요성 역시 매우 크다고 할 수 있죠.

2 감성적 역량 강화

커뮤니케이션이 중요한 또 하나의 이유는 바로 커뮤니케이션을 통해 감성적인 역량도 강화할 수 있다는 데 있습니다.

커뮤니케이션을 통해 '동기부여'를 할 수 있다는 사실을 알고 계신가요? 일반적으로 직장 내에서 스트레스로 인해 업무에 대한 의욕이 떨어지는 등의 일에 대한 권태기가 올 때가 있는데요. 이럴 경우 커뮤니케이션을 통해 스스로 업무에 대한 동기부여를 찾거나 의욕을 끌어올릴 수 있습니다.

물론 혹자는 '금전적 보상이 최고의 동기부여가 아닌가?'라고 의견을 피력할 수 있습니다. 물론입니다. 대부분 직장인에게 금전적 보상은 가장 확실한 동기부여가 됩니다. 그러니 금전적 보상이 모든 내면적 결핍을 채워주지 못한다는 사실도 우리는 잘 알고 있죠. 삶에는 돈으로 채울 수 없는 무언가가 있지 않습니까? 같은 고민이나 상황에 부닥쳐 있는 동료들끼리 서로 간의 동기부여가 되거나 의욕을 샘솟게 하는 일은 커뮤니케이션을 통해 가능해질 수 있습니다.

3 다양성의 인식과 넓은 시야

커뮤니케이션은 다양성을 인식하고 넓은 시야를 가질 수 있도록 해 줍니다.

우리나라 기업이 다국적 기업으로 크게 성장하면서 다양한 문화와 성장 배경을 가진 팀원들과 함께 일할 수 있게 되었습니다. 그뿐만 아니라 한 부서가 한 가지 업무만을 하는 것이 아니라 부서의 경계를 넘어 다양한 방식으로 협업하면서 동료들 간의 교류도 더욱 활발해졌습니다. 이런 상황에서 커뮤니케이션 역량은 빛을 발할 수 있죠. 커뮤니케이션을 통해 문화적 혼란이나 소통의 혼선을 줄일 수 있고 타인에 대한 존중과 배려심도 높아질 수 있기 때문입니다. 다양한 문화적 환경과 배경을 가진 이들이 적극적인 소통을 한다면 이해도가 높아질 뿐만 아니라 업무 분위기가 좋아져 생산성 향상도 기대할 수 있습니다.

4 팀워크

마지막으로 무엇보다 직장생활에서 커뮤니케이션이 중요한 이유는 '직장생활에 있어서 혼자만 잘한다는 것은 아무런 소용이 없다.'라는 특성이 있기 때문이 아닐까요?

업계와 업종을 불문하고 직장생활의 기본은 '팀워크'(Teamwork)라고 할 수 있습니다. 주변 동료들과의 커뮤니케이션 없이 단독으로 업무를 진행할 수 있는 업무란 쉽게 찾기 어려우니 말이죠.

03
" 성공하는 직장인을 만드는 커뮤니케이션 전략 "

해결 공식 : 비언어적 요소 60% + 언어적 요소 40%

──────────── 앞에서 우리는 직장생활에서 커뮤니케이션의
중요성을 이해했습니다. 그렇다면 혹시 이런 의문을 가지는 사람들이 있
지 않을까요? 커뮤니케이션은 상호 간에 이루어지는데, 자신이 커뮤니케
이션 역량을 가지고 있다고 해도 '상대방과 나와 어떻게 소통되고 있는지
혹은 내 감정과 의도를 제대로 이해하고 받아들이고 있는지를 어떻게 알
수 있을까?'에 관한 의문 말입니다.

　그래서 우리는 이제는 너무도 익숙해져 버린 그 단어, '커뮤니케이션'에
대한 전략 수립이 필요합니다. 커뮤니케이션(Communication)의 어원은 라틴
어 'Communicare'로 '나누다'는 뜻을 가집니다. 즉, 커뮤니케이션의 기본
은 '상대방과 무언가를 나눈다.'라는 뜻이죠. 그런데 이를 잘 '나누기' 위해
서는 커뮤니케이션 '전략'이 필요합니다.

우선 커뮤니케이션은 말의 내용, 즉 논리와 글 등의 '언어적 요소'와 몸짓, 표정, 목소리 등의 '비언어적 요소'로 구성됩니다. 아마 일반적으로는 커뮤니케이션의 대부분이 '말'이라고 생각할 텐데요. 그러나 사람은 의견을 전달할 때 통상적으로 뇌에서 생각하는 것의 50%만 말로 표현할 수 있습니다. 그리고 상대방은 듣는 말의 60%만 이해할 수 있는데 나머지는 화자의 몸짓, 표정, 목소리 등의 비언어적 요소로 그 내용을 파악하는 것이죠. 이런 점에서 우리는 '비언어적 요소'와 '언어적 요소'를 적절히 조화를 이루어 '커뮤니케이션'을 할 필요가 있습니다.

따라서 제대로 커뮤니케이션을 하기 위해서는 그 메커니즘을 다시 정립할 필요가 있습니다. 직장생활에서 이루어지는 커뮤니케이션은 앞서 언급한 대로 다양한 기능을 수행하고 있죠. 커뮤니케이션의 '목적'을 이해하고 있다면, 직장생활에서 원활하게 커뮤니케이션하는 방법도 쉽게 알 수 있을 것입니다. 어떤 상황에서 어떤 방식의 커뮤니케이션을 해야 하는지 기본적으로 파악하는 능력이 있다는 뜻이기 때문입니다. 커뮤니케이션을 잘하기 위해서는 자신이 의도하는 방향으로 상대방을 이끌 수 있어야 하는데, 커뮤니케이션의 메커니즘을 이해하고 있다면 이를 더욱 원활하게 진행할 수 있습니다.

'비언어적인 요소'를 적절히 활용하라

───────────── 커뮤니케이션의 가장 기본인 '눈을 마주치고 상대방의 말을 경청'하거나 '긍정적 반응이나 표정을 통해 상대방의 발언에

동의'하고 있다는 표현을 해준다면 커뮤니케이션이 더욱 원활하게 이루어질 수 있습니다. 커뮤니케이션 과정에서 상대방에게 집중해 '당신의 이야기를 열심히 듣고 있다.'라는 신호를 주는 것이 좋으며, 이 과정을 통해 상대방에게 신뢰감을 줄 수 있죠.

그렇다면 좀 더 구체적으로 접근해 봅시다.

직장생활에서 커뮤니케이션을 원만히 하기 위한 개선 전략

1 자신이 속한 조직의 문화를 인정하라

가장 먼저 조직 내에서 커뮤니케이션을 원활하게 하기 위해서는 자신과 자신이 속한 회사의 비전과 목표가 일치되어야 합니다. 자신이 속한 조직의 문화를 먼저 이해하고, 커뮤니케이션의 방법과 전략을 수립할 수 있어야 하죠. 예를 들어, 아무리 기업이 조직 문화를 유연하게 하고 커뮤니케이션을 활성화한다고 하더라도 부서의 장이나 부서의 업무 특성상 회사 방침과 다를 수 있는데요. 이에 대해 스트레스를 받기보다는 조직의 분위기와 커뮤니케이션 방식을 인정하고, 최적의 커뮤니케이션 결과를 얻어 내는 방법에는 무엇이 있는지를 고민해야 합니다. 자신의 직급과 자신의 업무를 명확히 인지하고, 업무 성과의 달성을 위해 어떤 커뮤니케이션 방식을 활용하는 것이 업무 효율성을 높일 수 있는지를 고민하는 것이 그 시작입니다.

2 언어적 요소와 비언어적 요소를 조화시켜라

앞서 언급했듯이 커뮤니케이션에서 언어적 요소도 중요하지만, 비언어적 요소도 원활한 대화를 위해서는 무척 중요한 부분입니다. 그렇다 하더라도 한쪽으로 치우친 커뮤니케이션 방식은 내용 전달을 하는 데 있어 장애요인이 될 수 있죠. 이에 원활한 커뮤니케이션을 위해서는 언어적 요소와 비언어적 요소가 적절하게 조화를 이루는 것이 중요합니다. 사실 대부분 사람은 언어적 요소, 즉 메시지의 '내용'을 전달한 것만으로 의사표현을 분명히 했다고 생각하는데요. 그러나 커뮤니케이션 과정에서 언어적 요소는 일부 효과만 있을 뿐 핵심은 비언어적 요소에 달려 있습니다. 결국, 목소리나 표정, 몸짓, 듣는 태도, 자세 등의 비언어적인 요소가 커뮤니케이션의 성공을 좌우한다고 볼 수 있죠. 이에 언어적 요소만으로 의사전달을 명확히 했다고 섣불리 평가하지 않고, 상대방에게 보이는 비언어적 요소와 적절하게 조화를 이루어 커뮤니케이션을 완성해야 하겠습니다.

3 확실한 피드백을 하라

대부분 직장인은 아마 상사가 지시한 내용이 무엇인지 정확히 파악하지 못했더라도 '알았다.'라고 반응했던 경험이 있을 것입니다. 특히 우리나라 직장인들은 '무슨 말인지 모르겠다.'라는 표현을 하는 것에 어색함이나 주저함을 많이 느끼는 것 같습니다. 원활한 커뮤니케이션을 위해서는 알아도 모르는 척 하는 것이 아니라 '모르겠다'와 '알겠다'로 분명한 피드백을 하는 것이 중요한데 말이죠. 힘들게 고생하며 업무를 했지만, 결론적으로 모두가 원하는 결과를 만들어내지 못한다면 커뮤니케이션이 명확히 이루어지지 않았다고 판단할 수밖에 없습니다. 지시사항에 대한 명확한 피드백 전달을 통해 업무적 효율성도 달성할 수 있다는 점을 잊지 않아야 합니다.

특히 커뮤니케이션 과정에서 확실한 피드백 전달은 본인이 전달하고자 하는 내용에 대한 확신이 있어야 가능합니다. 중요한 내용을 전달해야 함에도 그 내용을 자신이 명확히 파악하지 못하고 있다면, 의미 전달 역시 제대로 이루어질 수 없기 때문이죠. 또한, 분명한 피드백이 이루어지기 위해서는 유연한 조직 문화 역시 필요합니다. 경직된 조직 문화 속에서 피드백을 전달하기에는 많은 어려움이 따르기 때문입니다. 유연한 조직 문화를 위해 직장 내 동료나 상사 혹은 후배에게 서로 칭찬과 감사의 말을 자주 함으로써 대화의 분위기를 한결 편안하게 만들 수 있습니다.

그뿐만 아니라 커뮤니케이션 과정에서 '공감'하는 것도 매우 중요한 피드백 요소입니다. 특히 직장 상사와 대화를 나눌 때 긍정적인 맞장구나 리액션은 상대로 하여금 더욱 즐겁게 이야기할 수 있는 동기가 되죠. 예를 들어, 상사가 하는 이야기가 재미없는 내용이라 할지라도, 이야기 상황에 맞춰 고개를 끄덕인다거나 눈을 마주치며 공감하고 있다는 신호를 보낸다면 이 역시 긍정적인 피드백으로 작용해 원활한 커뮤니케이션이 이루어질 수 있습니다. 물론 지나치게 과도한 맞장구나 반응은 직장 상사에게 오히려 부담을 느끼게 할 수 있으니 인위적인 공감보다는 진심으로 공감하는 모습이 필요합니다.

4 기대감을 심어주라

사실 커뮤니케이션을 통해 업무 효율을 높이는 가장 효과적인 방법은 기대감을 심어주는 표현을 적극적으로 활용하는 것입니다. 업무를 지시하는 상황에서도 단순히 업무만을 이야기하기보다는 '이 업무를 하는 데 당신이 왜 필요한지, 당신의 어떤 역량이 업무 결과를 성공적으로 이끌 수 있는지.' 등을 구체적으로 언급한다면 최상의 업무 결과를 낳을 수 있죠. 조직에 당신이 왜 필요한지를 자꾸 주지시켜 주는 커뮤니케이션 전략을 통해 업무 효율성도 달성할 수 있고, 맡겨진 일에 대해 걸고 있는 기대감을 표현한다면 일을 하는 사람은 긍정적인 마음으로 업무를 할 수 있을 것입니다.

5 팀워크를 활용하라

만약 커뮤니케이션이 활성화되어 있지 않은 조직에 소속되어 있다면, 직접적이고 목표지향적인 접근을 해보는 것도 하나의 방법이 될 수 있습니다. 원활한 커뮤니케이션을 위해 어색한 자리를 만드는 것보다는 구성원들이 자발적으로 협업할 수 있는 활동이나 프로젝트를 만들어 커뮤니케이션이 시작될 수 있는 계기를 마련하는 것이죠.

성공하는 직장인을 만드는 커뮤니케이션

1 자신이 속한 조직의 문화를 이해하자

자신의 업무를 명확히 인지하고 조직의 분위기와 커뮤니케이션 방식을 이해하는 것이 우선이다.

2 커뮤니케이션 과정에 언어적 요소와 비언어적 요소를 적절히 활용하라

메시지 내용 전달을 더욱 효과적으로 하기 위해 목소리, 표정, 몸짓(제스처) 등의 비언어적 요소의 조화가 필요하다.

3 확실한 피드백을 하라

'Yes 혹은 No'의 명확한 피드백은 업무의 효율성을 증대시킨다. 여기에 진심으로 공감하는 리액션을 더한다면 통(通)하는 커뮤니케이션이 완성된다.

4 기대감을 심어주는 표현을 가미하라

조직 구성원 각각이 자신의 역할에 자부심을 가지고 일 할 수 있도록 서로의 역량을 존중하는 표현을 해보자, 맡겨진 일에 대해 걸고 있는 기대감을 느끼게 되면 더욱 긍정적인 마음으로 업무에 임할 수 있다.

5 팀워크를 활용하라

시대의 흐름은 모든 산업의 질적 성장을 요구하고 있다. 이는 조직원간 쌍방향 커뮤니케이션을 통한 협업으로 달성할 수 있다. 이제는 모든 직원이 커뮤니케이션의 주체가 되는 것이다. 따라서 협업할 수 있는 활동이나 프로젝트에 적극적으로 참여하자.

대한민국 직장인 스피치 교과서

잘나가는 직장인의 커뮤니케이션은 다르다

연봉을 올려주는 커뮤니케이션 기술은 다르다

연봉을 올려주는
직장인 커뮤니케이션 기술은
달라도 뭔가 다르다.

01

직장생활의 필수 조건, 커뮤니케이션

역사적으로 현대 사회만큼 커뮤니케이션이 중요한 시대는 없지 않았나 싶습니다. 시대적으로 커뮤니케이션의 중요성이 높아지자 커뮤니케이션 능력에 대한 사회적 관심 역시 높아졌는데요. 일상생활에서부터 회사, 프레젠테이션, 강연, 스피치 등 커뮤니케이션 능력이 뛰어난 사람들이 인정받는 시대가 되자 이를 구성하는 메시지 구현 방법에 대해서도 주목도가 높아진 것입니다.

커뮤니케이션의 정의

앞장에서 언급했듯, 커뮤니케이션은 '공유하다.'라는 뜻의 라틴어 'communis'에서 유래했습니다. 즉, 커뮤니케이션은 '누군가와 공유하는 것 혹은 나누는 것'을 의미합니다. 커뮤니케이션을 통해 구성원들은 공동체를 형성하고, 사회적 존재로 살아가는 것을 의미하는 것이지요. 이는 어쩌면 우리가 역사와 문화를 만들고 세계 사회를 구성한 가장 근본적인 활동이라 할 수 있습니다. 인간과 인간, 인간과 사회, 시민과 정부, 국가와 국가 등의 다양한 관계 속에서 서로에게 메시지를 주고받는 일련의 과정을 우리는 커뮤니케이션이라고 합니다. 이처럼 메시지를 주고받는 과정은 기호, 소리, 몸짓의 형태에서 언어로 발전되었고 점점 더 다양한 커뮤니케이션의 활용으로 이어지게 되었습니다.

특히 이 과정은 미디어의 영향을 많이 받았습니다. 미디어가 보급되고 일상화되면서 다양한 커뮤니케이션 방식을 접할 기회가 많아졌고, 우리의 삶 역시 커뮤니케이션과 불가분의 관계가 되면서 그 능력은 더욱 중요한 요소가 된 것입니다. 혹자는 방송인, 아나운서, 기자, 정치가, 교수, 교사 등과 같이 말을 많이 하는 직업을 가진 사람들에게나 커뮤니케이션 능력이 중요한 것 아니냐고 물을 수 있습니다. 그러나 시대가 바뀌었습니다.

커뮤니케이션 능력은 특정인에게만 중요한 것이 아니라 일반인에게도 필수 요소가 되었습니다. 특히 최근에는 회사 내 커뮤니케이션의 활용도가 높아졌고, 소통 방식 역시 과거와 달리 다양한 방법으로 활발해지면서 커뮤니케이션의 중요성이 더욱 높아졌습니다. 말을 잘하는 것이 개인의 역량을 넘어 사회적 경쟁력으로 부상하면서 자신의 소신을 보다 명료하게, 효과적이게 그리고 균형 있게 설득하는 커뮤니케이션 능력이 보다 중요해진 것입니다.

커뮤니케이션의 구성 요소

─────────────────── 그렇다면 커뮤니케이션을 구성하고 있는 요소
는 무엇일까요?

일반적으로 커뮤니케이션은 메시지를 담아 전달하는 채널(Channel)로 구
성됩니다. 특히 면(面) 대 면(面) 커뮤니케이션 상황에서는 말이 중요한 채널
이 됩니다.

그런데 이 과정에서 단순히 '말'이나 '글'과 같은 언어적 요소만 중요한
것일까요? 앞서 언급했듯이 커뮤니케이션은 '언어적 요소'와 '비언어적 요
소'의 결합입니다. 이 두 요소를 어떻게 조화롭게 활용하느냐에 따라 커뮤
니케이션 능력도 달라질 수 있습니다. 이와 관련해 이 장에서는 전달력을
높여주는 핵심 요소 중 하나인 목소리와 다양한 비언어적 표현에 대해 탐
구하고 그를 통해 효과적으로 커뮤니케이션 능력을 배양하는 방법에 대해
알아볼 예정입니다.

호감을 부르는 음성언어는 따로 있다

목소리의 중요성

사람을 보지 않고 목소리를 듣는 것만으로도
상대방이 영웅인지 아닌지 판별해 낼 수 있다.

─────────────── 청나라를 중흥시킨 명재상 증국번(曾國藩)이 한 말입니다. 그만큼 목소리의 중요성을 강조한 것이죠. 그 때문인지 2017년 5월에 있었던 19대 대통령 선거에서 한 대권 주자는 목소리를 바꾸면서 자신의 공약과 비전을 설명하기도 했습니다. 그뿐만 아니라 한 방송에서 어떤 배우는 나이가 들어가면서 가느다란 목소리가 핸디캡으로 느껴져 목소리 성형을 했다고 밝혔습니다. 작가 류쉬안(劉軒)은 '호감과 신뢰를 주는 목소리와 말'로 삶에 행운을 불러온 사례와 노하우까지 독자들에게 전달하고 있습니다.

이처럼 목소리의 중요성은 과거나 지금이나 달라진 게 전혀 없을 정도로 커뮤니케이션에서 매우 중요한 요소로 평가되고 있습니다. 그렇다면 우리는 구체적으로 '직장'(회사)이라는 제한된 장소를 설정하고, 호감과 신뢰감을 주는 목소리는 커뮤니케이션에서 어떤 효과가 있는지 알아보겠습니다.

사회학자 앨버트 메라비언(Albert Mehrabian)에 따르면, 목소리와 말투는 커뮤니케이션에서 이미지를 전달하는 데 38%나 차지하는 중요한 요소로 꼽히고 있습니다. 그만큼 목소리는 의미를 전달할 뿐만 아니라 화자의 이미지를 형성하는 데 중요한 요소임을 알 수 있습니다.

이미지는 눈으로만 보는 것이 아니다.
목소리는 귀로 듣는 이미지다.

흔히 '이미지'라고 하면 시각적인 부분을 쉽게 떠올리기 마련입니다. 그래서 어떤 사람들은 '보이는 것' 자체만을 대단히 중시하기 때문에 다양한 방법을 통해 보이는 부분을 관리하는데 많은 신경을 쓰곤 합니다. 그러나 이와 같은 관점에는 다소간의 문제가 있습니다. 시각적 이미지는 기본적으로 장소와 시간 혹은 누구와 함께 있느냐에 따라서도 그 인상이 순식간에 다르게 인지될 수도 있습니다. 시각적 이미지는 여러 조건이 함께 결부되면 쉽게 변할 수 있는 가변성을 내포하고 있어서 이미지를 어필하는 데 완전함을 갖지 못합니다,

하지만 목소리의 경우는 조금 다릅니다. 목소리는 화자가 살아온 세월만큼이나 오랜 습관에 의해 형성된 것이기 때문에 화자에 대한 정보를 비

교적 온전히 확인할 수 있습니다. 하버드 대학의 연구 결과에 따르면 청중의 80% 이상은 말하는 사람의 목소리만 듣고도 신체적, 성격적 특징을 규정지을 수 있다고 합니다. 사람의 목소리에는 성별, 나이, 출신 지역, 감정, 건강 상태, 지적 수준 등 수많은 정보가 담겨 있기 때문이죠. 즉, 눈에 보이지 않지만, 사람의 이미지 형성에 가장 강력하게 영향을 미치는 요소라는 점에서 우리는 목소리에 주목해야 합니다.

호감 있는 목소리는 무엇일까

사실 사회생활을 하면서 한 번쯤 코맹맹이 소리로 혹은 아기 같은 목소리로 인해 전문성이 없어 보인다는 지적을 받은 경험이나 목격한 적이 있을 겁니다. 이런 목소리는 전달력이나 명확성이 부족하기 때문에 전문적이지 못하다는 인상을 줄 수 있죠. 그래서 아이디어를 제안하거나 프레젠테이션을 발표하는 데 있어 이런 목소리는 신뢰감을 떨어뜨리는 요소가 되기도 합니다.

같은 발표 내용이더라도 정확한 발음으로 중저음의 큰 목소리를 가진 사람이 전달한다면 청자의 집중도가 훨씬 높다는 것도 확인할 수 있습니다. 그뿐만 아니라 정보를 전달하는 데도 효과적이죠. 사실 우리는 가장 먼저 전달하는 말의 내용에 관심을 가지기보다는 즉각적으로 목소리에 반응하고 나서야 비로소 내용을 듣기 시작합니다. 그래서 커뮤니케이션을 통해 상대방의 마음을 사로잡기 위해서는 가장 먼저 상대방의 귀를 사로잡아야 합니다. 그래야 이후 논리적 구상과 설득력 있는 말하기를 통해 상대방의 마음을 움직일 수 있게 됩니다.

전화상 목소리 역시 비즈니스 현장에서 매우 중요하게 작용합니다. 업무나 미팅을 진행하기 전에 전화로 미리 의견을 조율하고 약속을 잡기 때문에 서로가 얼굴보다 목소리를 먼저 접하는 경우가 많습니다. 이럴 때 우리는 머릿속에 그 사람의 목소리가 굉장히 강하게 각인되는 것이죠. 예를 들어, 업무 전화를 하는 경우 화자인 자신의 기분은 아무렇지 않은데 무뚝뚝하게 화난 듯 들리는 목소리 때문에 상대방은 통화하면서 기분이 나빠질 수도 있고, 심지어 안 좋은 감정도 가질 수 있습니다. 이렇게 만나기 전부터 목소리 때문에 상대에게 좋지 않은 감정을 실어주고 부정적 이미지로 인식된다면 그만큼 속상한 일이 또 어디 있을까요? 반대로 수화기를 통해 들려오는 목소리를 통해 메시지가 분명히 전달되고, 친절한 느낌까지 줄 수 있다면 업무상 통화일지라도 상대방에 대한 호감도는 올라갈 수 있을 것입니다.

영국의 철의 여인으로 알려진 마거릿 대처(Margaret Thatcher) 역시 목소리를 바꾸면서 호감도를 올린 정치인입니다. 정치에 대한 열망이 가득했던

그녀는 지방선거에서 압도적인 지지를 얻어 하원의원에 당선되어야만 중앙정치에 진출할 수 있었습니다. 특히 1970년대 영국에서 여성 정치인은 극히 드물었기 때문에 유권자에게 자신이 능력 있는 지도자임을 각인시키는 것이 무엇보다 급선무였죠. 그런데 그런 그녀에게 고문단은 뜻밖의 제안을 합니다. '목소리를 바꾸라'는 것입니다. 고문단은 그녀의 목소리에 대해 너무 날카로워 마치 고양이가 발톱으로 칠판을 긁는 소리 같다고 평가했습니다. 이런 목소리로는 유권자에게 좋은 인상을 심어주기 어렵다고 판단한 것이죠. 이 같은 제안에 대처 총리는 아무런 불만 없이 흔쾌히 응했고, 발성 코치에게 목소리 톤을 낮추고 부드럽게 이야기하는 법 등을 배우고 말하는 방식도 완전히 바꾸었습니다. 그녀는 이런 노력 끝에 결국 영국 최초의 여성 총리에 당선될 수 있었습니다.

안정감과 신뢰감을 주는 중저음의 목소리

그렇다면 좋은 목소리는 어떤 목소리일까요? 나이나 지역, 상황, 직업 등에 따라 얼마든지 다른 평가 기준이 있겠지만, 일반적으로 사람들은 중저음의 목소리를 들을 때 안정감을 느낀다고 합니다. 또한, 올바른 억양의 소리를 들으면 지적인 느낌을 받고, 공명이 잘 되어 울림이 풍부하게 섞인 목소리에서 신뢰감을 느끼는 것이죠. 신뢰를 바탕으로 하는 직장생활에서도 이런 목소리는 매우 좋다고 볼 수 있습니다.

사실 대부분의 좋지 못한 목소리들은 자연스러운 음성 구조를 제대로 활용하지 못한 데 원인이 있습니다. 일반적으로 목소리는 '선천적으로 타고나는 것'이란 인식이 널리 퍼져있기 때문에 목소리를 바꾸려고 노력하거나 그런 방법이 있는 것조차 모르는 사람이 대부분입니다. 하지만 문제 인식과 더불어 목소리의 중요성을 알고, 더욱더 신뢰감과 호감을 주는 목소리를 만들기 위해 필자들을 찾아오는 직장인들이 제법 많습니다. 목소리의 메커니즘을 이해한다면 목소리 역시 훈련을 통해 얼마든지 업그레이드(Upgrade)할 수 있습니다.

목소리의 매커니즘

그럼 지금부터 우리가 들이마신 공기가 말이 되어 나오기까지의 일련의 과정들을 간단히 살펴보겠습니다. 우리가 소리를 내는 데 작용하는 발성 기관은 크게 '발생기 - 진동기 - 공명기 - 발음기' 이렇게 4가지로 구성돼 있습니다.

1 발생기

먼저 발생기는 호흡을 책임지는 '폐'를 말하는데 쉽게 말하면 목소리를 만드는 공기주머니라고 보면 됩니다. 좋은 발성을 위해서는 복식호흡이 필수적인데 호흡을 통해 폐로부터 공급되는 공기의 양이 충분하고 일정하게 유지되어야 매끄러운 목소리가 나올 수 있습니다. 즉, 폐를 통해 들이마신 공기가 성대를 지나면서 성대의 진동을 통해 소리가 만들어집니다.

2 진동기

목소리를 만드는 데 가장 핵심이 되는 기관인 '성대'를 진동기라고 말합니다. 목에서 볼록 튀어나온 부분이 만져지는데, 이것이 바로 '후두융기'입니다. 이 후두융기 안에는 2㎝ 정도 크기의 성대가 있습니다. 보통 때는 성대가 호흡을 위해 열려 있지만, 말을 할 때는 성대가 서로 마찰하고 진동하면서 소리를 만드는 것입니다. 성대는 악기의 줄처럼 길이, 굵기, 긴장도를 빠르게 변화시키면서 음의 높낮이를 조절합니다.

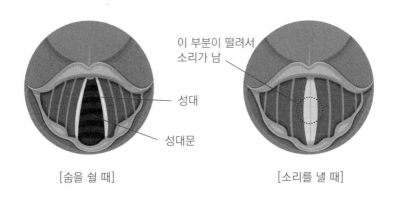

[숨을 쉴 때]　　　　　　　　[소리를 낼 때]

3 공명기

이렇게 성대를 통해 만들어진 소리는 '공명기'(인두 - 구강 - 비강)의 도움을 받아 커집니다. 쉽게 말해 공명기가 현악기의 울림통 같은 구실을 한다고 보면 되는 것이죠. 악기의 현이 낸 소리를 울림통에서 크고 부드럽게 하면서 악기별로 독특한 음색을 갖추듯 목소리 역시 성대에서 나온 원음일 때는 별로 크지 않고 거친 소리지만 공명기를 거치면서 크고 부드러워져 독특한 자신만의 음색을 갖게 되는 것입니다. 특히 코는 목소리에 절대적인 영향을 끼치는 기관이어서 코감기나 축농증, 비염 등 코와 관련된 질병에 걸리면 우리가 '코맹맹이 소리'가 난다고 하듯 좋은 음성이 나올 수 없습니다.

[현악기 구조와 공명기 이해]

4 발음기

다음으로 공명기를 거친 소리는 조음 기관인 입술이나 혀, 치아, 턱, 안면 근육 등의 '발음기'를 거치며 우리에게 비로소 의미를 갖춘 소리로 다가오게 됩니다. 소리를 가공해 실제적인 의미를 갖출 수 있는 소리로 만들어지도록 하는 마지막 공정에 해당하는 것이죠. 이때 입술의 모양이나 혀의 움직임, 치아, 턱, 안면 근육 등의 조음 기관이 활용됩니다. 정확한 입 모양은 발음 전반을 크게 좌우하며, 혀가 자유자재로 원활히 움직여 위치나 모양 등을 제대로 할 수 있을 때 발음이 더욱 또렷해집니다. 또한, 치아 역시 발음에 기여하기 때문에 치열이 고르지 못하거나 치아가 빠져 있다면 발음이 부정확한 경우를 쉽게 찾아볼 수 있죠. 그리고 턱이나 얼굴 근육 등은 명확한 발음이나 생동감 있는 발음, 둔탁하지 않은 발음 등을 가능하게 합니다. 소리가 명쾌하고 시원하게 나오려면 크게 입을 벌릴 수 있어야 하는데 턱을 거의 움직이지 않고 말을 하게 되면 상당히 둔탁한 소리가 만들어질 수밖에 없고, 이와 마찬가지로 정확한 입 모양을 만들 때에는 안면 근육이 원활히 움직일 수 있어야 하기 때문입니다.

지금까지 목소리가 만들어지는 메커니즘을 비교적 자세히 알아보았습니다. 여기서 분명히 알아야 할 것은 '발생기 - 진동기 - 공명기 - 발음기'의 발성기관이 따로 떨어져 제각각 활동하는 것이 아니라 서로 유기적인 관계를 유지하며 움직인다는 것이죠. 따라서 이 중 하나라도 문제가 생기면 좋은 목소리는 만들 수 없습니다. 좋은 목소리를 만드는 데 있어 건강한 폐와 성대는 기본적인 요소이며, 공명 기관을 잘 이용하고 조음 기관을 충분히 활용해야 한다는 사실을 이해해야 합니다.

그렇다면 목소리가 나오는 메커니즘은 잘 이해했지만, 직장생활 혹은 실생활에서 이를 제대로 활용하지 못하는 경우에는 어떻게 대처해야 할까요? 예를 들어, 팀의 프로젝트를 발표하는 프레젠테이션에서 목소리가 많이 떨리거나 하이톤으로 올라가고, 목이 꽉 막힌 소리가 나오거나 혹은 허스키한 목소리로 인해 전달력이 많이 떨어질 수 있습니다. 이렇게 당황스러운 순간에는 물을 아무리 마셔도 목이 메어오고 입도 바짝바짝 마르게 됩니다. 그뿐만 아니라 높은 목소리에 억지로 힘을 주어 중저음으로 만들

/ 잘나가는 직장인의 커뮤니케이션은 다르다

어 발표하면 소위 말해 '삑사리'라고 불리는 음 이탈이 일어나기도 합니다. 이럴 경우 발표 자료와 내용에 정성을 다해 준비했다고 하더라도 청자로 하여금 인정을 받지 못하게 될 가능성도 있습니다.

호감 있는 목소리 훈련법

[STEP 1]
호흡이 제대로 돼야 말도 나온다

앞서 언급했듯 목소리의 핵심은 '호흡'입니다. 목소리는 폐에 찬 공기가 성대를 울리며 나오게 되는 것이기 때문에 목소리로 쓸 수 있는 '호흡의 양'이 많다면 소리 역시 더불어 커질 가능성이 있는 것입니다. 그래서 목소리를 바꾸고 싶거나, 작은 목소리를 크게 만들거나, 가느다란 목소리를 굵게 만들고 싶다면 호흡하는 방법을 바꾸면 됩니다. 목소리를 내는 기본적인 에너지원이 '호흡'인 만큼 숨을 깊게 들이마시고 많이 뱉어야 성대의 울림이 강해져 명확한 소리가 날 수 있죠. 또한, 말할 때 미소까지 짓는다면 입꼬리가 살짝 올라가면서 목소리가 맑아지고 치아가 드러나 발음도 비교적 정확해질 수 있습니다.

전화 받기 전엔 한숨 고르고 받는 게 좋다!

전화상으로 업무를 하게 되는 경우도 마찬가지입니다. 전화벨이 울린다면 일단 목소리를 가다듬고 자신의 목소리를 확인한 후 통화를 시작하는 것이 좋습니다. 업무 중 갑작스럽게 전화를 받는 경우, 목소리가 갈라지거나 잘 나오지 않았던 경험이 있을 것입니다. 전화를 받기 전 한숨 고른다면 이를 방지할 수 있습니다.

말투나 목소리가 화가 난 듯이 들린다면, 이 역시 바꾸려는 노력이 필요합니다. 예를 들어, 전화를 받기 전 책상 위에 있는 거울을 통해 자신의 표정을 보면서 전화 통화를 하는 것도 하나의 방법이 될 수 있습니다. 의식적으로 부드러운 표정을 짓게 되면서 목소리 역시 친절하고 밝게 나올 수 있기 때문입니다. 특히 웃는 표정을 짓게 되면 자연스럽게 두성으로 발성이 되면서 밝고 쾌활한 느낌의 목소리가 나오기도 합니다.

[STEP 2]
신뢰감을 얻을 수 있는 발성법을 알자

지금까지 목소리는 호흡을 어떻게 하느냐에 따라 소리의 크기와 높낮이가 결정된다는 것을 알 수 있었습니다. 그렇다면 성대와 후두를 통해 만들어지는 발성은 어떻게 이루어지는 걸까요. 발성은 소리의 울림을 말합니다. 울림이 있는 목소리라는 말을 들어본 적 있을 겁니다. 울림이 있는 목소리는 소리가 크든 작든 상관없이 깊은 감동을 줄 수 있습니다. 울림이 가득한 낮고 두꺼운 공명(共鳴)의 목소리는 신뢰감을 주기 때문에 영업이나 신제품을 발표하는 자리에서는 무엇보다 필수적인 요소입니다. 목소리와 발성의 핵심은 '호흡'인데 호흡을 많이 채우고 말을 하면 소리도 훨씬 커지고, 안정감 있고, 신뢰감 있는 목소리가 나오게 됩니다.

예를 들어, 자신의 목소리가 '작다', '웅얼거린다' 혹은 '아기 목소리 같다.'라는 평가를 들은 적이 있다면, 꼭 발성 훈련을 해야만 합니다. 이런 목소리를 가진 경우의 사람은 대부분 발성이 약하기 때문에 목소리가 그렇게 나오는 것이죠. 그래서 발성 연습을 통해 발성이 좋아지면 훨씬 더 또렷하고 중심이 잡힌 목소리를 만들 수 있습니다. 발성이 좋은 목소리를 공명 목소리라고 합니다. 공명 목소리는 울림이 있어 청자로 하여금 편안하고 신뢰감 있게 들리기 때문에 명확히 잘 들립니다.

포기하지 말자, 좋은 목소리는 누구나 만들 수 있다!

그렇다면 이쯤에서 드는 의문이 있을 겁니다. '과연 목소리를 바꿀 수 있을까?' 혹은 '나도 좋은 목소리를 만들 수 있을까?'입니다.

결론부터 말하자면, "네, 가능합니다." 그러기 위해서는 호흡부터 신경을 써야 합니다. 성대에 무리를 훨씬 덜 주고 호감도와 전달력을 높일 수 있는 목소리의 가장 기본은 호흡입니다. 아랫배가 부풀어 오를 때까지 숨을 깊게 들이마신 후 천천히 '아~', '스~'하고 소리를 내며 갈비뼈가 있는 명치 부분을 손으로 살짝 눌러줍니다.

그뿐만 아니라 최고의 발성법은 역시 코와 입의 울림을 어떻게 만드느냐에 따라 결정됩니다. 적당한 비음(콧소리)은 매력적일 수 있으나 지나친 비음은 전달력을 오히려 떨어뜨릴 수 있습니다. 소리를 낼 때는 최대한 입을 부지런히 그리고 크게 벌려주는 것이 좋습니다. 이때 입술만 커지는 것이 아닌 입안이 크게 확장되는 것이 매우 중요한 포인트라고 할 수 있습니다. 목구멍을 하품하듯이 크게 열고 들이마신 호흡을 열린 목구멍 밖으로 던지듯 뱉어줘야 합니다. 입안에서만 웅얼거리는 소리는 결코 좋은 소리가 될 수 없습니다. 또한, 툭툭거리는 성의 없이 내뱉는 소리가 아닌, 포물선을 그리듯 둥글게 나오는 소리가 호감도 상승시키고 상대방의 귀에 더 잘 전달됩니다.

> ## [STEP 3]
> ## 자연스러운 목소리 표현 테크닉을 활용하자

1 음의 높낮이와 장단을 활용해 말하기

뉴스를 볼 때 아나운서나 앵커들이 '대통령'을 '대:통령', '검찰'을 '검:찰'이라고 발음하는 것을 들어본 적 있을 것입니다. 이렇게 대표적인 '고저장단음'을 몇 가지 숙지하고 있다면 대중들 앞에서 스피치를 하거나 발표를 할 때 전달력 부분에 있어 큰 효과를 볼 수 있습니다. 특히 장단음에 따라 의미가 달라지는 단어들도 있어 주의가 필요한데요. 동음이의어의 경우는 잘 구별될 수 있도록 장단을 지켜 말하는 것이 좋습니다.

2 강세, 억양, 속도에 주의해서 말하기

연애에도 '밀당'(밀고 당기기)이 필요하듯, 말하기에도 '밀당'이 필요합니다. 여러 가지 강조법의 활용, 속도 조절, 목소리 톤 변화 등으로 자연스러운 말하기가 완성되는데요. 리듬감이 살아 있는 말하기야말로 청중의 집중력을 끌어올려 전달력이 높아집니다. 무엇보다 '완급 조절'이 필요합니다. 전달하고자 하는 메시지의 '핵심 키워드'에는 강조를 해야 합니다. 불필요한 메시지에 강조하게 되면 진짜 핵심이 되는 부분에서 청중의 주목을 잃을 수 있습니다.

강조를 위한 몇 가지 방법을 알아보겠습니다.

❶ 소리 크기에 변화를 주는 강조법입니다. 핵심 키워드에 목소리 크기를 좀 더 크게 내거나 작게 말하는 것으로 청중을 집중시킬 수 있습니다.

❷ 속도의 변화로 강조하는 것입니다. 핵심 키워드를 말하기 전, 잠깐 1~3초 정도 멈추고 천천히 느리게 말하거나 반대로 빨리 말하는 것도 하나의 방법이 될 수 있습니다. 단어의 첫머리에 강세를 두는 방법을 사용하기도 하는데 사투리 억양이 심한 언어 습관을 가진 경우라면 핵심 전달에 오류가 생길 수도 있습니다. 사투리가 심하거나 잘못된 언어 습관으로 인해 독특한 억양을 갖고 있다면 말을 평조로 한다는 생각으로 신문이나 책 등을 소리 내어 읽는 낭독 연습을 꾸준히 하는 것으로 극복할 수 있습니다.

❸ 발표할 때 너무 긴장해서 말의 속도가 빨라지는 경우도 주의해야 합니다. 삶에도 쉼이 필요하듯, 말하기에도 쉼이 필요합니다. 준비한 내용을 모두 잊을까 봐 정신없이 쏟아내기에 급급하거나 빨리 발표를 마무리해야겠다는 생각을 버리고 속도 조절에 신경 써야 합니다.

❹ 더 나아가 메시지 가운데 어디서 어떻게 쉬어주느냐에 따라 내용은 다르게 전달될 수 있습니다. 예를 들어, '대한시체육회'라는 문장을 의미단

위로 끊어 '대한시 / 체육회'라고 읽거나 '대한시장애인의집'이라는 문장을 '대한시 / 장애인의 / 집'이라고 읽어야 합니다.

3 어조에 신경 써서 말하기

어조는 말의 분위기라고 할 수 있습니다. 같은 말이라도 말을 전달하는 사람의 분위기를 통해 그 내용은 완전히 다르게 재해석될 수 있습니다. 예를 들면, "김 과장님 아들 Y대 입학했다며?"라는 말을 누군가는 축하하는 음성으로 말하고, 다른 누군가는 "S대 갈 것처럼 늘 자식 자랑하더니 S대는 못 갔네?"라고 비꼬듯 말하기도 한다. '어조'는 어쩌면 사회생활에서 가장 기본이 되는 만큼, 이를 신경 써서 세심하게 말하는 것이 필요합니다.

[STEP 4]
정확한 발음을 구사하자

발음은 말의 높이와 세기, 길이의 개념 모두를 아우르는 운율적 자질의 총체적 개념으로 전달력을 좌우하는 주요 요인이기도 합니다. 음성기관을 통해 나는 발음은 상대방이 잘 알아듣도록 말하는 능력과 관련이 있습니다. 따라서 단어를 우물거리거나 말끝을 흐리게 되면 메시지가 왜곡되어 전달될 수 있죠. 천천히 또박또박 명확하게 말하려고 하지만 설명할 내용이 많아질 때면 자신도 모르게 말이 빨라지고 발음은 어느새 또 제멋대로 새고 있는 것을 확인할 수 있습니다.

사실 직업이나 대상을 막론하고 프레젠테이션을 발표하는 것만 보더라도 발음이 정확한 사람은 뜻밖에 드물다는 것을 알 수 있습니다. 혹자는 '발음이 뭐가 그렇게 중요한가?', '뜻만 통하면 되지 않을까?'라는 생각을 가질 수 있습니다. 그런데 기본적으로 회사에서든 일상생활에서든 커뮤니케이션의 기본은 상호교환을 전제로 하는데, 전달력의 바탕이 되는 발음에 문제가 있다면, 원활한 커뮤니케이션을 할 수 없다는 점을 우리는 꼭 인식해야 합니다.

혹시 여러분도@

어느 날 직장인 A씨가 찾아왔습니다. 그는 '자신이 발음 문제로 큰 스트레스를 받고 있는 것'에 관한 고민을 상담해왔습니다.

"제 고민은요. 몇 날 며칠을 밤새며 새 프로젝트를 수주하기 위해 열심히 발표 내용을 준비했는데, 바이어들이 잘 알아듣지 못해 원활한 커뮤니케이션을 할 수 없었습니다. 특히 해외영업 파트에 소속되어 있어 회사의 성과를 설명하거나 새로운 프로젝트를 수주해야 하는데 발음이 좋지 않다 보니 전달력이 떨어져 기대하는 만큼 성과가 나오지 않아 정말 스트레스에요."

직장인 A 씨의 고민은 정말 우리 주위에서 쉽게 찾을 수 있는 일상적인 고민 중 하나일 것입니다. 누구나 한 번쯤 발음 문제 때문에 직장생활 속에서 자신의 의견을 말하기 꺼렸던 경험이 있었을 겁니다. 발음이 중요한 이유는 무엇보다 '전달력'을 좌지우지하기 때문일 텐데요. 발음이 나쁘더라도 자신이 전하고자 하는 메시지가 명확히 전달된다면 발음 문세는 고민할 이유가 전혀 없습니다.

그러나 발음은 전달력을 결정짓는 핵심 요인이기 때문에 발음이 좋지 않다면 누군가를 설득한다는 것도 불가능하다고 볼 수 있죠. 특히 청자는 화자의 발음이 불명확하고 좋지 않다는 걸 눈치채는 순간부터 발표 내용보다는 그의 '부정확한 발음'에만 집중하게 되어 있습니다. 아무리 듣지 않으려고 노력해도 사실 한번 거슬리기 시작하면 내용보다는 '발음'에만 신경이 갈 수밖에 없죠.

부정확한 발음 해결법 = 조음 기관 움직임에 신경써라!

이렇듯 '전달력'을 크게 좌우하는 '부정확한 발음' 문제, 어떻게 고칠 수 있을까요?

발음이 부정확한 이유 중 가장 큰 원인을 차지하는 것은 입술, 턱, 혀 등을 잘 움직이지 않는다는 것에 있습니다. 입술, 턱, 혀 등을 잘 움직이지 않으면 발음 가운데 모음의 음가가 현저히 떨어질 수 있기 때문입니다. 입과 턱, 혀와 입술의 전체 근육을 움직이며 말을 해야 정확한 발음이 구사될 수 있습니다. 소리가 명료하지 않고 웅얼거린다는 느낌이 들게 발표하는 사람이나 소리가 입안에서만 맴도는 느낌이 드는 사람의 경우는 자음의 음가를 명확히 짚고 소리 내지 않기 때문에 전달력이 떨어지는 것입니다.

우리말의 자음은 모두 19개로 자음마다 각자 자리가 있습니다. 즉, 조음점이 있는 것이죠. 각자 자신의 위치가 있는데 그곳에서 소리가 나지 않으면 아무래도 명확한 소리가 나기 어렵습니다. 특히 웅얼거리는 목소리나 소리가 입안에서만 맴도는 느낌이 드는 것은 사회생활을 하는 데 있어 치

명적인 약점이 될 수 있습니다. 만약 회사를 대표해 프레젠테이션 발표를 진행하는 자리에서 회사의 성과나 향후 계획 등을 불명확하게 설명한다면 그것만큼 심각한 문제는 없을 것입니다.

마지막으로 정확한 발음을 위해서는 모음에 따른 입 모양을 확실히 만들어야 합니다. 이때 얼굴 근육도 함께 움직여야 하는데, 무뚝뚝하고 단조롭게 말하는 사람을 보면 얼굴 근육은 전혀 움직이지 않은 채 입술만 조금씩 움직이는 것을 볼 수 있습니다. 좀 더 명확한 발음과 생동감 있는 말하기를 원한다면 얼굴 근육 역시 충분히 움직여주어야 합니다. 특히 좀 더 설득적이고 논리적인 표현을 하고 싶다면 받침의 발음도 명확히 해야 합니다. 음가를 정확히 내기 위해서는 입술 모양을 받침의 발음까지 정확하게 짚고 넘어간다면, 발표자에 대한 전문성과 신뢰도가 높아질 수 있습니다.

[STEP 5]
자연스러운 목소리 표현 테크닉을 갖자

그뿐만 아니라 전화를 받거나 회사 내에서 동료와 대화를 할 때 '자세' 역시 목소리를 결정짓는 중요한 요소입니다. 구부정하게 앉아 있는 자세나 턱을 괴고 있거나 삐딱한 자세로 말을 하게 되면 몸에서 나오는 소리의 흐름이 흐트러져 목소리 역시 달라질 수 있습니다. 소리는 막힘없이 자연스럽게 나와야 하는데 허리와 등을 구부리거나 자세가 나쁘면 목이 열리지 않아 답답한 목소리 혹은 딱딱한 소리가 나오기 때문입니다. 거울을 보면서 벽에 몸을 반듯이 세운 자세에서 호흡과 발성 연습을 해보는 것이 좋습니다. 올바른 자세에서 좋은 소리가 나옵니다. 평상시에도 수시로 나의 자세를 확인하면서 바로 잡는 훈련을 꾸준히 해 주시면 도움이 될 것입니다.

[STEP 6]
녹음한 후 모니터링하라

지금까지 살펴본 호흡법, 발성법, 발음법 그리고 자연스러운 목소리 표현 테크닉까지를 확실히 연습할 수 있는 가장 좋은 방법은 바로 '녹음'입니다. 프리젠테이션 발표 내용을 연습 과정에서 실전처럼 '녹음'하면서 자신의 목소리가 어떤지, 말의 속도는 어떤지, 내용은 잘 전달되고 있는지 스스로 자신의 목소리를 '객관화'하는 것입니다. 녹음된 자신의 목소리를 듣게 되면 고쳐야 할 부분이 확인되면서 발표할 때 목소리에 대한 우려를 덜 수 있습니다. 물론 목소리 톤이나 스피드, 발음, 억양 등 비언어적 요소 역시 안정감 있게 통제할 수 있습니다.

단순히 녹음에 그치는 것이 아니라 발표할 내용을 낮은 톤으로 크게 소리 내어 읽어보는 연습도 필요합니다. 반복적인 연습은 목소리를 만들어 내는 근육들을 유연하게 만들면서 목소리를 억지로 크게 하지 않더라도 작은 목소리로도 정확한 음성이 나올 수 있게 만듭니다.

그뿐만 아니라, 말끝을 흐리지 않는지 분명하게 말하고 있는지 확인해 보아야 합니다. 어미의 높낮이 역시 말의 분위기를 결정하는 요소 중 하나입니다. 어미를 때로는 약간 올리는 식으로 연습하고, 때로는 어미를 약간 내려주는 연습을 통해 최대한 자연스러운 목소리와 말투를 몸에 익힐 수 있습니다. 여기서 또 기억해 두어야 할 부분은 어미를 올리고 내리고는 크게 중요하지 않습니다. '말끝을 흐리지 않는다!'가 핵심입니다. 아무리 좋은 소리로 논리 있게 말을 했더라도 마지막 어미 처리에 신경을 쓰지 않는다면 전반적으로 신뢰감을 주기가 어렵습니다.

지금까지 우리는 목소리가 몸에서 어떻게 나오는지 확인했고, 맘에 들지 않는 목소리 역시 어떻게 바꿀 수 있는지를 살펴보았습니다. 만약 그동안 자신의 목소리가 맘에 들지 않아 바꾸고 싶었는데 그 방법을 몰랐다면, 앞에 설명한 것과 같이 목소리 훈련을 통해 자신만의 매력적인 목소리를 만들어보는 건 어떨까요? 특히 회사생활을 하면서 당신의 이미지를 좌우했던 목소리를 변화시킴으로써 여러분의 이미지는 충분히 업그레이드될 수 있습니다.

03

" 신뢰감을 부르는 몸짓언어는 따로 있다 "

비언어적 요소란

커뮤니케이션을 구성하고 있는 요소는 '말'이나 '글'과 같은 언어적 요소에 비언어적 요소가 함께 결합됩니다. 따라서 언어적 요소뿐만 아니라 비언어적 요소를 얼마나 효과적으로 활용할 수 있는지, 또 언어적 요소와 비언어적 요소의 조화를 얼마나 적절하게 이뤄낼 수 있는지에 따라 커뮤니케이션 능력은 완전히 달라질 수 있습니다. 과거에는 커뮤니케이션의 메시지, 즉 언어적 요소에 더욱 사람들의 관심이 높았다면, 최근에는 비언어적 요소에 대한 관심이 상당히 높아졌습니다.

비언어적 요소는 언어적 요소를 제외한 모든 것, 즉 표정, 몸짓, 자세, 시선 등을 말합니다. 비언어적 요소는 커뮤니케이션을 하는 데 있어 설득력을 높이고 신뢰감과 호감도를 높이는 핵심 요소가 됩니다.

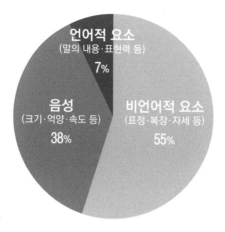

알버트 메라비언의 7% · 38% · 55% 법칙

언어적 요소
(말의 내용·표현력 등)
7%

음성
(크기·억양·속도 등)
38%

비언어적 요소
(표정·복장·자세 등)
55%

"커뮤니케이션에서 비언어적 요소가 55%를 차지한다."

여기서 잠깐@

메라비언의 법칙(The Low of Mehrabian)은 사람이 커뮤니케이션을 통해 상대방에게 받는 이미지는 비언어적 요인이 55%를 차지한다는 이론입니다. 미국 UCLA 대학의 메라비언 박사가 1967년 '컨설팅 심리학'이란 학술지에 처음 발표한 이 법칙은 말의 내용 외에 목소리와 보디랭귀지에 대한 중요성을 강조하게 되었다.

[미국의 사회학자 메라비언]

사회학자인 아글(Michael Argyle)은 인간의 커뮤니케이션에서 비언어적 커뮤니케이션의 기능으로 ▲ 감정표현 ▲ 대안적 태도 전달 ▲ 성격 표현 ▲ 반응이나 주목 등이라고 설명했다. 쉽게 말하면 비언어적 요소는 언어적 요소와 상호 작용적 상황에서 의미전달이 가중되고 신뢰할 만하며 종합적 형태로 발생한다는 뜻이다.

[사회학자 아글]

비언어적 커뮤니케이션이 더 효율적이라고?

——————————— 미국의 처세술 전문가 데일 카네기(Dale Caenegie)는 때로는 말보다 행동이 상대방의 마음을 사로잡기도 한다고 말했습니다. 조용한 미소는 상대에게 '당신을 좋아한다. 당신으로 인해 행복하다. 당신을 만나서 기쁘다.'와 같은 감정을 전달할 수 있다고 했습니다.

커뮤니케이션에 있어서 그 내용이 말을 통해 전달되는 것은 단지 7%에 불과하고, 말을 하는 사람의 말투나 억양 등 목소리는 38% 정도를 전달합니다. 더 놀라운 사실은 나머지 55%는 표정이나 몸짓, 태도 등을 통해 상대방은 그 내용을 더 잘 이해할 수 있다는 것입니다. 그 내용이 일상적 대화이든, 업무보고이든 말입니다. 이런 점에서 업무상 커뮤니케이션이 이루어져야 한다면 이메일이나 서면(우편)보다는 전화가 나을 것이고, 전화보다는 직접 만나서 이야기하는 것이 내용을 전달하는 데 더욱 효과적이라는 결론을 얻을 수 있습니다. 물론 업무상 이메일을 통한 커뮤니케이션은 7%가 100%의 비중을 차지하기도 합니다. 다만 이 경우에는 메시지를 주고받는 상대방에 대해 잘 이해하고 있다면 업무 메일 작성도 쉬울 수 있습니다.

결국, 우리가 전달하고자 하는 메시지를 비언어적 커뮤니케이션을 통해 곡해나 기만 없이 더 정확하게 전달되기 때문에 비언어적 커뮤니케이션 과정에서 훨씬 효율적이며 고급 커뮤니케이션 수단으로 여겨지고 있다는 것을 알 수 있습니다. 특히 비언어적 요소는 자신의 감정이나 태도, 반응 등이 자연스럽게 표현되는 경우가 많기 때문에 언어적 요소보다 훨씬 진솔하고 신뢰성이 높다고 볼 수 있죠. 이렇게 비언어적 요소가 커뮤니케이션 과정에서 감정 상태와 태도를 효과적으로 전달해 메시지를 보다 확실하게 전달한다는 점에서 최근 더욱 주목받고 있습니다. 심지어 비언어적 표현을 행동심리학적으로 접근해 해석하고 분석하는 학문도 등장할 정도입니다.

　그렇다면 좀 더 이해를 돕기 위해 상황을 가정해보겠습니다. 회사에서 전 사원을 대상으로 프레젠테이션을 하는 경우를 생각해봅시다. 발표하는 과정에서 '표정, 제스처, 목소리, 시선 처리, 발음 등' 비언어적 요소를 얼마나 능숙하게 처리하느냐에 따라 프레젠테이션의 성공 여부를 가늠할 수 있습니다. 예를 들어, 발표자가 발표 내용에 따른 적합한 제스처를 한다면 발표자가 그 내용을 얼마나 완벽히 숙지하고 있는지 확인할 수 있죠. 상황에 맞는 제스처를 적절하게 구사하게 되면 그 내용을 더 구체적으로 묘사할 수 있어 청중에게 메시지 전달력도 높아질 수 있을 뿐 아니라 발표 내용에 대한 신뢰감 역시 부여할 수 있습니다.

　여기에 발표자가 만약 발표 내용에 대해 분명하고 확실한 전달을 하면서 동시에 청중과 눈맞춤을 통해 그들이 발표 내용을 이해하고 있는지도 확인한다면 더할 나위 없이 완벽한 프레젠테이션 발표가 될 수 있습니다. 만약 발표자가 원고에만 시선을 두며 발표를 하는 등 청중의 시선을 피한다면 듣는 사람의 입장에서 발표자가 무언가 숨기거나 혹은 발표 내용에 확신이 없다는 인상을 줄 수 있기 때문입니다.

비언어적 커뮤니케이션 활용 팁

───────────── 필자는 전문 프레젠터 활동과 수많은 프레젠테이션 강의와 대회 심사를 하고 있습니다. 그런데 여기서 많이 목격하게 되는 프레젠테이션 발표의 함정이 있습니다. 발표자들이 오직 PPT(슬라이드장표)의 완성도에만 집중한다는 것이죠. 발표자가 발표를 앞두고 어떻게 그 내용을 잘 전달할지에 초점을 맞추기보다는 발표 바로 직전까지 컴퓨터 앞에 앉아 문서를 수정하는 데 심혈을 기울이는 모습을 심심치 않게 볼 수 있었습니다. 이런 모습은 사실 잘못되어도 한참 잘못되었습니다. 프레젠테이션 발표 PPT 구성 완성도와 내용은 전체 발표의 중요도에서 차지하는 비율이 7%에 불과합니다. PPT의 핵심은 발표자의 발표와 전달력이니만큼 발표의 성공 여부는 그 지점에 있다는 것을 인식하지 못한 것이죠.

이런 점에서 발표를 앞두고 있다면 PPT 완성도에 신경을 쓰기보다는 소리 내서 실전처럼 발표 연습을 하는 것이 더욱 중요하다고 할 수 있습니다. 실전처럼 발표를 연습하고, 그 모습을 촬영해 직접 모니터링을 하게 되면 더 큰 효과도 볼 수 있습니다. 실제로 이런 부분에서 어려움을 느끼고 필자를 찾아오는 TV 특강 출연자, 대기업 임원, 정치인, 연예인 등의 교육생들이 참으로 많습니다. 이들은 고작 15분짜리 강연 혹은 5분짜리 프레젠테이션이지만, 완벽한 발표를 위해 짧게는 한 달, 길게는 몇 달씩 시간을 투자해 연습하고 또 연습하기도 합니다.

프레젠테이션 발표뿐만 아니라 회사 내 일상적인 커뮤니케이션 과정에서도 비언어적 요소는 매우 중요합니다. 눈을 맞추지 않는 대화는 상대방으로 하여금 자신을 무시한다는 인상을 주거나, 대화 내용에 대한 신뢰감을 떨어뜨릴 수 있습니다. 또한, 목소리를 너무 작거나 크게 하는 경우 원활한 커뮤니케이션을 방해하는 요인이 될 수도 있죠. 특히 대화 내용과 상관없는 손가락질이나 불필요하게 과도한 제스처는 대화를 하는 상대에게 부정적 인상을 주고 더 나아가서는 감정까지도 상하게 만들 수 있기 때문에 주의해야 합니다.

이처럼 커뮤니케이션은 단순히 '대화'만 중요한 것이 아니라
언어적 요소와 함께 비언어적 요소까지 조화롭게 이루어져야
그 효과도 더욱 커질 수 있습니다.

커뮤니케이션 과정을 통해 송신자와 수신자가 주고받고자 하는 것은 메시지(Messages)입니다. 이 메시지를 이해시키기 위한 상호작용의 과정이 커뮤니케이션이므로 언어적 요소 외에도 표정, 제스처, 목소리, 어투 등의 비언어적 요소를 통해서 더욱더 구체적인 의미를 전달할 수 있습니다. 오늘날처럼 커뮤니케이션의 방식이 디지털을 기반으로 한 시대에서는 비언어적 요소가 더욱 중요한 이유도 여기에 있습니다. 비언어적 요소는 신체 각 부위에서 동시에 나타낼 수 있어 입체적으로 메시지를 전달할 수 있고, 청자의 접근성을 더욱 높이기 때문입니다.

그렇다면 이제 대표적인 비언어적 요소들을 살펴보고, 커뮤니케이션에서 그 효과를 극대화하는 방법은 무엇이 있는지 그 해결 방안을 도출해보겠습니다.

설득력을 높여주는 상황별 제스처

직장생활에서 가장 중요한 비언어적 요소는 '제스처'(Gesture)라고 할 수 있습니다. 제스처는 아이디어, 의도, 느낌 등을 전달하는 데 사용되는 몸의 움직임입니다. 이러한 움직임은 대체적으로 팔과 손으로 이루어지지만, 얼굴과 머리 등 그 외 부분도 사용될 수 있습니다. 사실 제스처는 여러 가지 역할을 통해 사람들에게 다양한 영향을 미치기도 합니다. 다른 사람의 생각, 행위, 커뮤니케이션 등에 영향을 미치기 때문이죠. 예를 들어, 독일의 독재자 아돌프 히틀러(Adolf Hitler)는 현란한 제스처와 발언으로 독일인들을 전쟁에 동원할 수 있었고, 위대한 종교 지도자들 역시 제스처를 통해 자신이 말하고자 하는 메시지를 전달할 수 있었습니다.

/ 잘나가는 직장인의 커뮤니케이션은 다르다

'제스처 + 언어', 동시에 활용하면 설득력이 달라진다.

　이처럼 표정, 몸짓 등의 제스처는 커뮤니케이션에서 듣는 이의 반응을 가장 솔직하게 확인할 수 있는 요소라는 점에서 최근 중요성이 커지고 있습니다. 특히 제스처는 다양한 요소들의 전후 관계 속에서 완벽한 이해에 도달할 수 있습니다. 각각의 독특한 제스처는 언어의 한 단어와 같아 제스처의 의미를 제대로 이해하기 위해는 언어적 요소와 함께 제스처의 조화에 대한 이해가 매우 중요합니다. 제스처를 심리적으로 분석해보면 상대의 마음을 이해할 수 있고 혹은 어떤 의미를 발견할 수도 있습니다. 그래서 커뮤니케이션 과정에서 완전한 의사전달을 위해서는 적절한 제스처의 사용이 매우 중요합니다.

　특히 직장생활에서는 구성원 모두 각기 다른 생활 환경과 배경을 갖고 성장했기 때문에 이해의 수준이 서로 다를 수 있습니다. 이해 수준이 서로 다른 사람들끼리 각기 다른 정보를 전달하고자 할 때 그 성공 여부는 말의 내용, 이야기 방법, 논리성뿐 아니라 무언의 언어에 대한 상대방의 감정이입 정도가 큰 영향을 미칩니다. 그래서 한 사람의 말을 완전히 이해하기 위해서는 개개의 제스처의 조합 이상의 무엇인가를 고려하는 과정이 필요합니다.

　제스처에 따라 상대방은 원활한 커뮤니케이션이 되고 있다는 것을 확인할 수 있고, 표정과 몸짓을 통해 신뢰감도 줄 수 있습니다. 표정은 커뮤니케이션 내용에 따라 적절하게 짓는 것이 대화하는 데 있어 가장 중요합니다. 예를 들어, 직장 동료와 심각하지 않은 내용의 대화를 나눌 때는 환하게 미소 짓는 모습이 가장 이상적이라고 할 수 있습니다. 말하는 사람은 심각하지 않고 즐거운 이야기를 하고 있는데 상대방이 심각한 표정이거나 찡그린 표정을 한다면 감정적으로 상처받게 될 뿐 아니라 원활한 의사소통이 되지 않는다고 판단할 수 있습니다. 물론 때에 따라서는 진지한 표정으로 경청하는 모습이 자연스러울 수 있습니다. 동료가 프레젠테이션 발표를 하는데 지나치게 웃는 표정을 짓거나 화가 나지 않았는데도 화가 난 모습을 하며 앉아 있다면 발표자 입장에서는 당황스러울 수 있기 때문이죠. 그렇다면 프레젠테이션 발표자의 경우는 어떨까요?

발표자의 경우는 표정도 중요하지만 좀 더 신경 써야 할 부분이 제스처입니다. 특히 프레젠테이션 발표자가 손동작을 적절히 사용해 지시와 설명, 설득의 기법을 강화한다면 발표자가 전달하려는 내용이 무엇인지 더욱 잘 이해할 수 있을 것입니다. 그러나 적절한 손동작은 능동적이고 적극적인 인상을 심어줄 수 있지만, 어디까지나 과한 제스처나 지나치게 큰 제스처는 오히려 원활한 커뮤니케이션 전달을 방해하거나 다소간 품위가 없이 보일 우려가 있으므로 때와 장소에 따라 제스처를 적절하게 조절하는 것도 필요합니다.

인사, 인간관계의 시작점

인사만 잘해도 기본 점수는 획득한다

"안녕하세요. 반갑습니다." 첫인사, 첫만남에서 사람들은 본능적으로 상대가 눈에 들어오는 그 짧은 시간 '인사'를 통해 그 사람의 전체를 평가하기도 합니다. 즉, 인사는 모든 커뮤니케이션의 시작이라고 할 수 있습니다. 그래서 많은 사람이 호감이 가는 첫인상을 만들기 위해 거울 앞에서 오랫동안 옷매무새를 만지기도 하고 거울을 보며 웃는 연습을 하거나 인사 연습을 하기도 하는 것이죠.

그러나 유달리 '인사'에 어려움을 겪는 직장인들이 많습니다. 수많은 청중이 지켜보는 앞에서 인사를 어떻게 해야 할지 몰라 우왕좌왕하는 경우도 있습니다. 특히 발표자가 무대에 올라 첫인사를 하는 그 짧은 순간에 청중은 발표자의 성향과 자신감, 더 나아가 발표자가 말하는 내용의 전문성, 신뢰도 등을 예측하고 발표를 평가하는 잣대로 삼기도 합니다. 만약 여기서 발표자가 호감이 가는 첫인상을 각인시켰다면 청중들이 발표 내용을 긍정적으로 평가할 것이고, 그 반대의 경우에는 청중들은 발표 자체에 관심을 두지 않으려 할 수도 있습니다. 첫인사만 잘 해내도 전체 스피치의 성공 여부에 지대한 영향을 미칠 수 있죠.

이토록 첫인사가 중요한데도 사회생활을 하면서 첫인상을 결정짓는 첫 만남에 어떻게 인사를 하는 것이 좋은 인사인지 그 방법을 모르는 직장인들은 매우 많습니다. 인사라는 것이 생각만큼 쉽지 않은 영역이기 때문이죠. 상황에 맞는 좋은 인사법이 미세하게 다를 뿐 아니라 인사는 특히나 문화적인 요소가 크게 가미되어 있기 때문에 공부하면 할수록 매우 접근하기 어려운데요. 이번 장에서는 그 가운데 청중을 대상으로 한 인사에 관해 이야기하고자 합니다.

인사의 종류

먼저 인사에는 크게 3가지 종류가 있습니다.

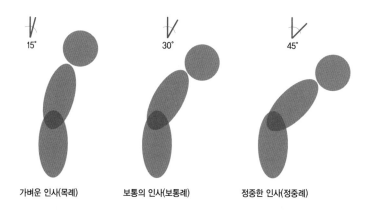

| 가벼운 인사(목례) | 보통의 인사(보통례) | 정중한 인사(정중례) |

❶ 가벼운 인사(목례, 15°)

목례는 15도 정도 상체를 굽히지 않고 가볍게 머리만 숙이는 인사로, 가벼운 눈인사 등도 목례로 볼 수 있습니다. 앉아 있거나 서 있을 때 또는 걸어갈 때, 회사 내부에서 아는 사람을 만날 때, 아니면 바쁘게 일하는 중간에 사람을 맞이할 때 가볍게 인사하는 방식이 바로 '목례'입니다.

❷ 보통의 인사(보통례, 30°)

보통례는 일상에서 하는 가장 기본적인 인사로 상체를 30도 정도 굽혀서 하는 인사를 말합니다. 공식적인 발표 자리에서나 처음 보는 사람과 첫 인사를 할 때 가장 많이 하는 인사 방법이죠. 상사나 웃어른에 관한 인사이기도 하고, 간단한 모임에서 자기소개나 발표 시에도 일반적으로 할 수 있습니다. 이때 정수리와 목, 척추가 일직선 상에서 부드럽게 포물선을 그리며 내려갈 수 있도록 해야 합니다. 손은 공수 자세를 취해도 좋고 양팔을 바지 옆선에 자연스럽게 대고 손은 달걀을 쥐듯 살짝 오므리면 됩니다. 여기서 말하는 공수 자세는 어른을 모시거나 의식행사에 참여할 때 두 손을 마주 잡아 공손한 자세를 취하는 방법을 말합니다. 평상시에 남자는 왼손이 위로, 여자는 오른손이 위로 가도록 취하고, 흉사(凶事, 흉흉하고 궂은 일) 시에는 손의 위치를 반대로 하면 됩니다.

❸ 정중한 인사(정중례, 45°)

정중례는 상체를 45도 기울여 정중하게 예를 표하는 인사입니다. 고객을 맞이하거나 배웅을 할 때, 혹은 사과할 때, 감사의 인사를 전할 때, 면접장에서 면접관에게 인사할 때, 큰 무대에서 발표할 때 사용하는 인사법입니다. 고개를 들거나 목만 더 깊게 숙이지 않도록 주의하면서 상체가 부드럽게 포물선을 그리며 내려가는 것이 좋습니다. 45도 지점에서 한 호흡 쉬고, 고개를 숙일 때보다 조금 빠른 속도로 올라오면 경쾌하고 자신감 있는 이미지를 연출할 수 있습니다. 반대로 내려가는 속도보다 올라오는 속도가 조금 더 느리다면 더 정중함을 표현할 수 있는데 발표할 때는 자신감을 어필하기 위해 올라오는 속도를 조금 더 빠르게 하는 것이 좋습니다.

이때 몸을 숙이는 행동인사와 소리를 내어 하는 음성인사를 구분하는 것이 중요합니다. 청중이 손뼉을 치는 상황이라면 더욱 그렇습니다. 행동과 음성이 함께하는 인사를 할 경우 청중의 박수 소리에 내 이름이나 소개 내용이 잘 전달되지 않습니다. 청중이 손뼉을 치는 상황에서 인사를 해야 한다면, 꼭 음성으로 먼저 자기소개를 하고 그다음 상체를 기울여 행동인사를 하는 것이 좋습니다. 여기서 또 중요한 점은 '아이 콘택트'(Eye-Contact, 눈맞춤)입니다. 무대에 올라 발표 전에 하는 인사를 할 때, 두 다리를 지지하고 자리를 잡고서는 그 순간 청중을 향한 아이 콘택트가 필요합니다. 1초도 되지 않는 아주 짧은 눈 맞춤이 당당함과 자신감을 그대로 보여주는 것입니다. 긴장한 사람일수록 시선을 아래도 떨어뜨리거나 허공을 바라보는 경우가 많습니다. 이를 극복하기 위해서는 혼자서 연습할 때도 거울을 보며 거울 속의 나와 눈을 편안하게 맞출 수 있는지 연습하거나 특정한 대상을 두고 연습하는 것이 좋습니다.

[당신을 위한 발표 무대인사 Process]

❶ 무대에 올라 자신이 설 지점에서 두 다리를 곧게 하고 어깨를 펴고 당당히 섭니다. 이때 고개를 들어 청중을 향해 아이 콘택트를 합니다. 시선을 어디다 두어야 할지 모르겠다면 누군가를 특정해서 바라보는 것도 하나의 방법이 될 수 있습니다.

❷ "안녕하십니까? ㅇㅇㅇ입니다."라고 음성인사를 합니다. 만약 청중이 손뼉을 치지 않는 상황에서 발표나 면접을 하는 경우에는 행동인사를 먼저 하고 음성인사를 하면 됩니다.

❸ 상체를 숙여 정중례를 합니다. 여기서 고개를 숙이고 다시 허리를 폈을 때 시선 처리는 자연스러울수록 좋습니다.

/ 잘나가는 직장인의 커뮤니케이션은 다르다

인사는 인간관계의 첫 시작이자 첫인상입니다. 관계를 맺는 데 있어 먼저 밝게 인사를 하고 다가온다면 상대방도 경계를 풀고 좀 더 편하게 다가올 수 있습니다. 인사를 하는 자리에서 첫인상이 불쾌했다면, 앞으로 그 관계는 감정적인 면에서 돌이킬 수 없는 벽이 생길 가능성이 높습니다. 직장 생활에서 좋은 인상을 받게 한다는 것은 자신의 장점을 최대한으로 표현한다는 것을 의미합니다. 적극적으로 자신을 표현하고, 밝게 인사를 하면서 행동한다면 상대방으로 하여금 좋은 인상을 주어 호감을 키울 수 있습니다. 첫 만남에서 인사를 통해 호감을 느꼈다면 앞으로 일어나는 일에서도 긍정적인 영향을 미칠 수 있습니다. 그러므로 '인사쯤이야'라고 대수롭지 않게 여길 것이 아니라 적극적으로 자신을 표현하고 인사를 통해 먼저 다가간다면, 모든 인간관계 역시 수월하게 진행할 수 있을 것이란 점을 꼭 잊지 않도록 합시다.

잘된 인사 : 공수법이라 하여 여성은 오른손을 위로 남성은 왼손을 위로 올리고 인사한다. 남성의 경우 손을 내리고 하는 것이 보다 일반적이기도 하다.

잘못된 인사 : 인사할 때 각도보다 신경써야 할 점은 어깨를 바로 하는 것이다. 자칫 어깨가 삐뚫어질 경우 '째려보는' 것처럼 비칠 수 있다.

EYE-ZONE
눈맞춤

입꼬리
Up 미소

정중한 공수 자세

반듯한 이미지 30도

상황별 제스처의 활용

───────────── 앞서 언급했듯 제스처는 신체 언어 중 가장 많은 동작과 의미 분화를 유발합니다. 예컨대 손바닥, 주먹, 손가락 등의 표현으로 작은 의미를 낳을 수 있고, 팔이나 다리, 발까지 움직임이 커진다면 전달하고자 하는 메시지의 더 큰 의미를 강조하는 것으로 볼 수 있습니다.

또한, 제스처는 아이디어나 의도 또는 느낌을 전달하는 효율적인 수단입니다. 감정을 표현하는 데 팔, 손, 머리, 다리, 발 등의 움직임을 통해 커뮤니케이션 과정에서 상대방에게 다양한 영향을 미칠 수 있죠. 이처럼 제스처는 감정에 힘을 실어주고 언어적 메시지의 의미를 명확하게 해주며 청자의 집중도 역시 높여주는 역할을 하면서 그 중요성이 점차 커지고 있습니다.

더불어 적절한 제스처의 활용은 내용의 구체적인 묘사를 가능하게 해 청자가 내용을 이미지화하는 데에도 도움을 줍니다. 이미지화를 하게 되면 기억에도 효과적인 수단이 될 뿐 아니라 청자가 내용을 감각적으로 받아들일 수 있게 되기 때문에 아주 큰 장점이라 할 수 있죠. 물론 그럼에도 불구하고 과다하게 제스처를 사용하게 되면 오히려 내용의 전달을 방해하거나 청중의 집중도를 떨어뜨릴 수도 있습니다. 따라서 어디까지나 적정한 수준의 제스처를 올바르게 활용할 수 있도록 하는 것이 중요합니다.

그래서 직장생활에서 발생할 수 있는 상황별 제스처를 알아보고, 세련된 제스처 방법은 무엇이 있는지 살펴보려고 합니다.

닫힌 제스처

많은 청중을 대상으로 프레젠테이션 발표를 한다고 가정하겠습니다. 석유화학 회사에 다니는 자신이 임직원들을 상대로 새로운 프로젝트를 수주한 결과를 발표한다고 생각해보죠. 새로운 프로젝트를 수주해 발표한다는 것은 사실 대단히 자랑스러운 발표 내용입니다. 그래서 발표하는 발표자 역시 발표할 때 자신감이 발현될 수 있습니다. 그런데 이 과정에서 너무 지나치게 우쭐거리는 모습으로 팔짱을 끼고 발표를 한다거나, 한쪽 주머니에 손을 넣고 발표를 하거나 혹은 손가락질을 하면서 직원들에게 설명한다면, 청중들은 어떤 감정을 느낄까요? 물론 이런 경우는 극히 드물지만, 종종 발생하는 상황이라 할 수 있습니다.

특히 너무 긴장한 나머지 평소의 습관이 그대로 드러나 주머니에 손을 넣거나 팔짱을 끼게 되는 경우, 그리고 슬라이드에서 중요한 부분을 가리킬 때 때때로 검지만 펴 가리키는 사람들의 경우도 이에 해당한다고 할 수 있습니다. 이 같은 경우는 긴장할 때 우리 몸의 근육이 수축하기 쉽다는 점, 그리고 심리적 안정감을 위해 우리는 한쪽 팔로 다른 쪽 팔을 감싸는 경우가 있다는 점 등 우리의 본능과도 연결지어볼 수 있는 부분인 만큼 확실하게 인지하고 주의를 해야 하는 부분입니다.이렇게 팔짱을 끼거나 주머니에 손을 넣는 것을 닫힌 제스처라 할 수 있습니다.

열린 제스처

손 제스처는 일반적으로 말을 시작함과 동시에 하는 것이 중요합니다. 그래야 역동적으로 보일 뿐 아니라 발표 내용에 대해 완벽하게 숙지하고 있다는 것을 청중들에게 인식시킬 수 있습니다. 발표자 본인에게도 손 제스처는 긴장감을 덜어줄 수 있는 도구가 될 수도 있죠.

그렇다면 어떤 손 제스처가 가장 효과적일까요? '수많은 청중이 바라보고 있는 긴장된 상황에서 어떻게 제스처까지 신경을 쓸 수 있을까?'라고 생각할 수도 있습니다. 그러나 결론부터 말하자면 떨릴수록 몸을 움직이면 긴장도는 완화됩니다. 제스처는 긴장감 완화에 아주 효과적이며 지루한 분위기를 환기시키기도 하고, 집중을 유도하거나 청중의 이해를 원활하게 할 수 있습니다. 그뿐만 아니라 제스처를 통해 발표 내용에 리듬이 생겨 표현력 역시 풍부해질 수 있습니다. 예컨대 '높은 언덕 위에 커다란 나무 한 그루…' 이 문장을 그냥 무미건조하게 읽는 것에 그치지 않고 내용에 맞는 제스처를 하면서 말을 한다면 그만큼 내용을 보다 구체적으로 전달할 수 있고 청중의 주목 또한 유도할 수 있을 것입니다.

디테일한 제스처 활용법 파헤치기

1 세련된 손동작의 비밀은 힘 조절에 있다

우리가 강조와 묘사 등을 위해 발화시(말하는 이가 실제로 소리내어 말을 한 시간) 제스처로 가장 많이 활용하는 신체 부분은 뭐니 뭐니 해도 손이라 할 수 있습니다. 따라서 손을 어떻게 활용할 수 있느냐가 전반적인 제스처 활용의 수준을 크게 좌우한다고도 할 수 있죠. 이처럼 제스처 활용에 있어 중요하게 손을 활용할 때에는 중요한 것은 무엇보다 손의 모양을 어떻게 하는지에 달려 있습니다.

우리는 상황에 따라 주먹을 쥐거나 펴기도 하고, 손가락만 펴기도 하면서 손을 제스처로 활용하곤 합니다. 강한 의지나 열정 등을 표현하기 위해서는 주먹을 쥐는 등의 제스처를 취하고, 그 이외에는 대부분 손을 편 동작들을 활용하죠. 이때 손바닥이 보이는 동작과 손등이 보이는 동작은 청중에게 있어서는 심리적 안정과 관련해 상당히 다른 역할을 한다는 점, 알고 계셨나요?

손등을 보이는 동작을 많이 하게 되면 청중은 무의식적으로 위압감을 느끼게 된다고 합니다. 그럼 손등을 자주 보이는 동작을 하는 경우가 어떤 때인지 한번 떠 올려 볼까요? 네, 그렇습니다. 차량의 통제를 위해 주차요원이 하는 손동작이나, 군인이나 경찰 등의 행사의식에서 손등을 보이는 동작들이 많이 활용되곤 합니다. 이와 반대로, 손바닥을 보이는 동작은 발표자에 대한 신뢰감을 높이고 청중의 안정감을 유도하는 데 효과적인 동작이라 할 수 있습니다. 영화나 드라마 속 전쟁이나 범죄현장 상황을 떠 올려 봅시다. 항복하는 적군이나 범죄자의 제스처를 보면 흔히 두 손바닥을 펴 보이며 손을 번쩍 들고 있는 자세를 취하는 것을 볼 수 있죠. 이 제스처가 전달하고자 하는 의미는 '내 손에는 무기가 없다.'라는 것으로 내가 당신에게 위협을 줄 만한 대상이 아니고 안전한 사람임을 은연중에 메시지화하여 전달하고 있는 것입니다.

이처럼 손바닥을 펴 보이며 효과를 누리고자 할 때에는 손끝을 반드시 위로 향하게 하고 힘을 준 상태로 자신감 있는 제스처를 취하는 것이 좋습니다. 그리고 이때, 특히 적절한 힘의 조절이 아주 중요하게 요구된다고 할 수 있습니다. 우리는 팔꿈치부터 손가락 끝까지 적절한 힘이 들어가야만 손목이 꺾이거나 손바닥이 힘없이 구부러지지 않죠. 따라서 손가락을 가지런히 모아 단정한 모습으로 해당 동작을 취할 수 있도록 연습해야 합니다. 손가락을 벌리는 동작 등은 산만해 보일 수 있으니 주의해야 하며, 손바닥에 너무 힘을 주어 쫙 펼치며 발표 자료를 가리키는 것보다는 살짝 안쪽으로 손을 10~15도가량 둥글게 모으고 동작을 하는 것이 좋습니다. 관련하여 공을 쥔 듯한 모양의 손동작도 유용하게 활용될 수 있습니다. '크다, 많다, 작다, 적다.' 등의 양이나 규모를 표현하는 동작 등은 공을 감싸는 듯한 손의 모양으로 가슴 앞쪽으로 팔을 들어 취하게 되면 좀 더 세련되게 활용될 수 있죠.

[손바닥 제스처에 따른 청중의 긍정적인 반응]

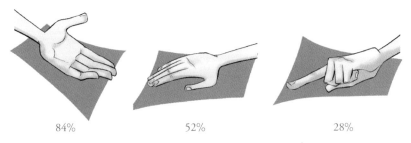

84%   52%   28%

2 손과 팔이 움직이는 공간을 이해하기

삼성이나 애플 등 유명회사의 신제품 발표회를 보면, 발표자가 손을 항상 배꼽 위로 두고 있는 것을 볼 수 있습니다. 적절한 타이밍에 손 제스처를 통해 청중들의 집중도를 끌어올리기 위해서 늘 손을 배꼽 위로 두고 있는 것이죠. 언제든지 손을 위로 들어 슬라이드를 지시하거나 강조, 묘사 등을 위한 여러 제스처를 활용하는 등 말하고 싶은 바를 제스처를 활용해서 보다 명확하게 전달할 수 있도록 준비하고 있는 것입니다.

그러나 이때에도 제스처의 활용에 있어 주의해야 할 점이 있습니다. 중요한 포인트는 과도하게 팔을 벌리는 제스처가 별로 좋지 않다는 것입니다. 너무 양쪽으로 활짝 벌리기보다는 자연스럽게 팔을 가슴 안쪽으로 두는 것이 좋습니다. 청중이 많고 발표하는 단상이 넓다고 해서 팔을 너무 과도하게 벌리면 오버하는 것처럼 보일 수 있기 때문입니다.

이와 반대로 긴장한 나머지 상체의 근육이 경직되어 팔을 몸에 붙이고 팔꿈치 아래부터 손까지만 움직이는 사람도 있죠. 이 경우 겨드랑이와 팔 사이의 적절한 공간을 더욱 잘 활용할 수 있다면 더욱 에너지 있고 자신감 넘치는 모습을 연출할 수 있습니다. 이를 염두에 두고 몸에서 자유롭게 팔을 떼고 제스처를 할 수 있도록 연습하는 것이 좋습니다. 만약 어느 정도 팔을 움직이면 좋을지 모르겠다면, 일반적으로는 주먹 한 개 정도의 여유를 겨드랑이와 팔 사이에 만들어 보면 적당하니 알아두시기 바랍니다.

물론 사람마다 팔뚝의 두께나 팔의 길이 등 신체적인 차이가 다분히 존재하기 때문에 정확하게는 자신의 신체에 맞는 적절한 자세를 찾기 위한 노력을 몇 가지 할 수 있도록 해야 합니다. 거울을 보면서 어떤 각도가 나에게 어울리고 자연스러운지 연습하면서 체화할 수 있도록 해야 합니다.

필자도 수업을 통해 많은 분에게 이런 정보를 공유하고 함께 연습하기도 합니다. 이때 당연히 많은 분이 곧잘 따라 하시지만, 막상 무대 위에서 발표하게 되면 다시 자신의 습관대로 돌아와 금방 실수를 하게 되는 것이 이 부분이기도 합니다. 따라서 자신에게 체화될 수 있도록 많은 연습이 꼭 동반되어야 한다는 점 잊지 마세요.

다음으로 손목의 각도 역시 우리가 주의 깊게 살펴보아야 할 요소 중 하나입니다. 손목의 각도가 크게 생기지 않도록 주의하면서 손동작을 해야 하죠. 또한, 팔 전체를 쓰는 동작을 할 때 손의 위치가 허리와 정수리 사이에 있도록 하는 것이 좋습니다. 그리고 엉덩이 아래까지 내려 방향을 지시하거나 무리하게 머리 위로 드는 동작은 피하는 것이 좋습니다.

지금까지 살펴본 무대 위에서의 발표와는 달리 업무상 테이블이나 책상에서 미팅이나 회의를 할 때도 손을 어찌해야 할지 모르는 사람이 많죠. 가만히 있는 손이 어색해 왼쪽에 있는 종이컵을 오른쪽으로 괜히 옮긴다거나, 볼펜을 계속 돌리기도 합니다. 그런데 이런 행동은 상대방에게 부정적 인식을 줄 수 있습니다. 자신의 말에 집중하지 못한다는 인식을 줄 수 있기 때문입니다. 특히 대화 중간에 손가락을 사용하거나 삿대질을 하는 것은 가장 좋지 않습니다. 손가락을 통해 사물이나 방향 등을 제시하는 것은 괜찮겠지만, 보고서를 제출하면서 손가락으로 가리키는 등의 제스처는 좋은 방법이 아닙니다. 또한, 발표 중간에 중간 사진처럼 손을 모으거나 하는 동작은 권위적이거나 거만한 느낌을 줄 수 있으니 지양하는 것이 좋습니다.

이럴 때 손을 책상 아래 놓지 않고 책상 위로 노출하는 것이 좋습니다. 손을 A4용지 간격으로 책상 위로 올리거나, 펜을 쥐고 노트나 수첩 등에 대화 내용을 필기하는 것이 좋습니다. 이런 행동은 상대방으로 하여금 자신의 말을 경청하고 있다는 인식을 줄 수 있기 때문입니다. 실제로 필자는 방송할 때 이 방법을 많이 활용했고 시각적으로 매우 스마트한 진행자처럼 보인다는 평가를 받기도 했습니다.

3 발 제스처

발을 스피치 시작 시 너무 과도하게 움직이면 자신이 긴장하고 있다는 것을 청중에게 노골적으로 보여주는 것과 같습니다. 또한, 기대하고 온 자리에서 발표자가 발 제스처를 과도하게 하거나 너무 산만하게 움직인다면, 발표 내용에 대해 집중하기보다는 동작에 눈길이 갈 수밖에 없도록 만들기도 하죠. 그래서 발 제스처는 발표를 시작하는 도입부에서는 많이 움직이지 않는 것이 중요합니다. 그냥 편안하게 서 있듯이 양쪽으로 벌리고 시작하면 됩니다. 꼭 격에 맞춘다고 발을 모아서 시작할 필요는 없습니다.

그런데 너무 긴장돼서 한 자리에 오랫동안 서 있을 수 없다면 어떻게 해야 할까요? 또 긴장의 문제가 아니더라도 양다리를 곧게 세우고 있는 동작이 수 분 이상 이어져 힘들고 불편하다면 어떻게 해야 할까요? 이러한 여러 이유로 다리를 번갈아 구부려서는 자세를 취하거나 습관적으로 한쪽

다리를 힘을 빼고 다른 쪽 다리에 무게 중심을 실어 서 있는 경우가 많은데요. 이 경우, 발표 중간 살짝 무게 중심을 바꿔서는 것은 어느 정도 용인될 수 있으나 계속 비스듬히 서 있는 경우는 예의가 없어 보이는 등 발표 상대에게 좋지 못한 인상을 줄 수 있기 때문에 주의해야 합니다.

따라서 그와 같은 대처 보다는 만일 과도하게 긴장이 된다면 과감하게 발을 움직이는 것이 하나의 방법이 될 수 있습니다. 발표 내용 중반쯤에 접어들 때 발을 자신감 있게 움직이거나 두 걸음에서 세 걸음 정도 간격을 두고 움직이는 것도 좋습니다. 물론 이 과정에서 직선으로 움직이지 않고 사선으로 움직여야 합니다. '게걸음'을 하듯 좌우 직선으로 움직인다면 그것처럼 어색한 광경은 없을 것입니다. 또한, 한번 자리를 잡고 섰다면, 발바닥에 본드를 붙였다 생각하고 움직이지 않는 것이 좋다는 점, 잊지 마세요.

4 앉아있는 자세

/ 잘나가는 직장인의 커뮤니케이션은 다르다

앉아 있는 자세에서는 위 그림처럼 의자 뒤에 손으로 주먹 하나에서 하나 반 정도 공간을 만들어 준 채로 앉는 것이 좋습니다. 이때 앞에 앉은 상대방을 향해 15도가량 몸을 기울여 경청하는 모습을 하는 것이 좋습니다. 또한, 테이블이 없는 상태에서 상사와 대화를 하거나 보고를 하는 상황 혹은 비즈니스 미팅이 있는 상황이라면 다리를 가지런히 십일(11) 자로 만들어 앉을 수 있도록 해야 합니다. 이때 여성의 경우라면 다리를 가지런히 모아 앉는 것이 중요하겠죠. 손도 무릎 위에 가지런히 모아 두어 안정감 있는 자세를 만들어야 합니다.

5 발표할 때 마이크도 잡는 법이 있다

발표장이 넓어 마이크가 필요한 경우 마이크를 잡고 제스처를 어떻게 하는 게 자연스러운지 고민이 될 수 있습니다. 우선 마이크를 잡는 손가락의 모양부터 중요하게 생각해야 합니다. 달걀을 쥐듯 자연스럽게 마이크를 잡고, 손가락을 가지런하게 펴는 게 좋습니다. 이때 새끼손가락이 위로 향하지 않도록 주의해야 합니다. 새끼손가락만 어딘가를 가리키고 있다거나 새끼손가락으로 인해 마이크를 잡은 모습이 어색하다면 청중들의 집중력을 흐려 놓을 수 있기 때문이죠. 마이크를 잡지 않은 나머지 손은 발표 내용에 따라 적절한 제스처를 해주는 것이 중요합니다. 이미 마이크를 잡고 있는 손에 시선이 분산된 만큼, 나머지 손마저 과도한 제스처를 한다면 청중들의 집중도를 확연히 떨어뜨릴 수 있습니다.

발표자는 다수의 청중이 있다고 하더라도 발표 중간중간 가까운 청중들과 눈을 맞추고 그들과 시선을 마주치는 것이 매우 중요합니다. 일반적으로 눈은 마음의 창이라 여겨지는 만큼 발표자와 청자의 눈 맞춤은 내용의 신뢰성을 확보하는 데, 그리고 청자의 집중도를 향상시키는 데 매우 중요합니다. 또한, 마이크는 살짝 각도를 조절해야 수음이 잘 됩니다. 마이크 잡는 모습만 봐도 화자가 긴장했는지, 당당한지, 여유가 있는지 등을 확인할 수 있습니다.

물론 청중 앞에 나서서 발표하기가 쉽지 않다는 것은 누구나 다 알고 있습니다. 하지만 엄청나게 떨리고 긴장이 되더라도 하나도 떨리지 않은 것처럼 청중을 속일 필요가 있죠. 그래서 특히 많이 떨리더라도 마이크를 잡을 때는 두 손으로 잡지 않아야 합니다. 당당해 보일 수 있도록 한 손으로 마이크를 잡아야 합니다. 일반적으로 마이크는 그림처럼 45도 정도의 각도로 마이크를 잡고 발표하는 것이 좋습니다.

마이크 사용 자세와 관련한 재미있는 에피소드가 참 많습니다. 가령 평소에 랩 음악을 좋아하고 대학 시절 음악동아리에서 래퍼로 활동했던 한 교육생은 무의식중에 마이크 헤드를 감싸 쥐고 발표를 해 모두가 크게 웃었던 기억이 있죠. 이처럼 비언어는 감각적이고 본능적인 부분이 그대로 여과 없이 노출되는 경우가 많습니다. 그러므로 자신의 모습을 모니터링하며 수정·보완하는 것은 정말 중요하죠.

그렇다면, 연단 마이크를 사용할 때는 어떻게 해야 할까요? 연단 마이크를 사용할 때는 원고를 내려다보고 다시 청중을 볼 때 마이크의 위치가 어디에 있는지도 중요합니다. 마이크 수음 상태를 먼저 확인하고, 발표자의 얼굴을 최대한 덜 가릴 수 있도록 마이크의 위치를 조정해야 합니다. 업무에 따라서는 회사의 대표로 컨퍼런스에 참석해서 발표하는 경우도 있죠. 이런 경우 많은 참석자가 있기 때문에 자신의 발표 차례에 반드시 연단 마이크의 높이를 조절하는 것이 좋습니다. 키가 큰 사람의 경우 연단 마이크가 낮게 설치되어 있을 때 상체를 구부려 말하게 되고 그때 얼굴의 방향 때문에 눈을 치켜들며 아이 콘택트를 하게 됩니다. 그렇게 되면 나의 이미지 표현에 좋지 않은 영향을 미칠 수 있기 때문에 연단에 올라섰을 때 먼저 마이크를 확인하는 것을 잊지 않아야 합니다.

6 감정 전달의 힘 - 표정

얼굴 표정은 사람의 인상을 결정짓는 매우 중요한 비언어적 요소입니다. 표정을 통해 개인의 감정을 가장 솔직하게 확인할 수 있고 의미의 변화 역시 정확히 전달할 수 있습니다. 또한, 상대방으로 하여금 피드백을 얻을 수도 있고, 그로 인해 감정이입 효과도 얻을 수 있는데요. 그뿐만 아니라 우호적인 관계를 유지하는 데도 얼굴 표정만큼 중요한 요소는 없습니다. 즉, 얼굴 표정은 일차적인 정보전달의 근원이며 감정의 표출이나 인체 생리구조에 의해 무의식적으로 나타나는 기본적인 감정전달 요소로서 커뮤니케이션의 시작 역시 표정을 통해 이루어질 수 있다고 해도 과언이 아닙니다.

표정이 인상을 결정한다! 당신의 얼굴은 무슨 상인가?

특히 표정은 개개인의 인상을 결정하는 중요한 요소로 작용하기도 합니다. 예컨대 우리가 연예인들의 외모를 이야기할 때 '고양이상', '멍멍이상' 혹은 '웃상', '울상' 등으로 표현하기도 합니다. 이 모든 게 바로 표정을 형상화한 것이죠. 고양이상은 날카롭게 찢어진 눈이 위로 올라가 있어 고양이와 비슷한 얼굴 표정을 가진 연예인을 말하고, 멍멍이상은 눈꼬리가 내려가 강아지처럼 순하게 생긴 표정을 한 연예인을 말하기도 합니다. 웃상이나 울상은 웃는 모습이나 우는 표정의 외모를 가진 사람을 표현하기도 합니다. 이처럼 인간의 얼굴은 다양한 표정을 나타내는데 얼굴 표정은 감정을 표현하는 것 외에도 언어적 메시지를 대신하거나 보완하기 위해 또는 언어적 메시지와 동반해 사용되기도 합니다.

표정 역시 중요한 비언어적 요소다!

───────────────── 얼굴은 커뮤니케이션에 있어 무엇보다 중요한

/ 잘나가는 직장인의 커뮤니케이션은 다르다

신체 중 하나입니다. 시각을 통해 원활한 커뮤니케이션 여부를 지각하고 확인할 수 있는데 그에 있어 얼굴의 표정이 가져다주는 효과가 크기 때문입니다. 어찌 보면 얼굴은 커뮤니케이션을 위해 발달한 기관이 아닌가 하는 생각마저 들게 합니다. 얼굴 표정을 통해 전달되는 인간의 감정전달 기능 또한 그와 같은 맥락에서 이해하는 것이 좋습니다. 특히 얼굴 표정과 그를 통해 나타나는 감정의 상호 소통의 예로 감정의 전염을 들 수 있기에 사회생활을 하는 데 있어 표정 관리를 하는 것은 무엇보다 중요할 것입니다. 그뿐만 아니라 우리는 얼굴 표정을 통해 말을 대신하거나 보충할 수도 있는데요. 예를 들어, 말하는 사람의 내용이 무슨 말인지 잘 이해되지 않을 때 이해가 안 된다는 표정을 지음으로써 다시 한 번 설명을 유도할 수도 있고, 업무상 대화를 하는 과정에서 표정이 좋지 않다거나 부정적인 기류가 표정을 통해 읽힌다면, 다른 방법을 통해 그들을 설득할 수도 있는 것입니다.

표정이 곧 발표를 이끌어가는 힘이 되기도 한다.

프레젠테이션 발표를 하는 상황에서 화자는 밝고 자연스러운 표정을 지으며 발표하는 것이 중요합니다. 전하고자 하는 내용에 적절한 표정을 짓는 것도 효과적입니다. 청자를 설득해야 하는 상황이라면 자신의 계획에 확신이 있고 자신감 있는 모습을 보이는 것이 중요합니다. 그래야 자신의 감정이나 자신이 말하고자 하는 바를 명확하게 전달할 수 있습니다. 청자로 하여금 발표자가 자기 생각을 읽을 수 없게 무표정한 상태로 있거나 힘없는 표정을 짓고 있는 것은 좋지 않습니다.

우리나라처럼 동양 문화권에서는 표정을 다양하게 하면서 발표하거나 제스처를 많이 하는 것을 경박하다고 생각합니다. 즉, 무표정한 모습을 자신감 있고 근엄한 모습으로 여기는 것이고 감정을 절제하는 것을 미덕으로 여기는 것이죠. 그러면서도 우리나라 사람들은 대부분 미국 TED(Technology, Entertainment, Design : 미국의 비영리재단에서 운영하는 강연회)의 강연자들처럼 익살스러운 표정을 지으면서 자연스럽고 재미있는 발표를 왜 하지 못하는지 의문을 가집니다. 서양 문화권의 발표 방식이 무조건 옳다는 것은 아닙니다. 그러나 올바른 커뮤니케이션을 하기 위해서는 청중이든 화자든 감정을 솔직하게 표현하는 것이 우선이 아닐까 싶습니다. 그런 점에서 감정표현의 첫 단추인 '표정'을 감정에 충실하게 표현하는 것이 어떨까요?

실제로 필자 역시 표정 언어를 매우 중요하게 생각합니다. 아침 라디오 진행을 할 당시 사고 소식을 전할 때는 미간을 찌푸렸고 기분 좋은 사연이 도착하면 방긋 웃으며 그 사연을 전달했습니다. 말하는 사람의 표정은 고스란히 음성언어에 묻어납니다. 표정이 중요한 이유도 여기에 있습니다. 지난 2월 평창 동계올림픽 때 타임지에 소개된 안경 선배 사진은 많은 이슈를 낳았습니다. 바로 감정에 따라 시시각각 달라지는 표정 때문입니다.

19세기 중반, 얼굴 표정을 연구했던 프랑스 신경학자 기욤 뒤센(Guillaume Duchenne)은 얼굴에서 눈과 입꼬리, 광대뼈 주위의 근육이 뇌와 직접적으로 연결되어 있다는 것을 발견했습니다. 뒤센은 두 가지 다른 미소를 알아내기도 했는데, 입꼬리를 올리게 하는 근육(구륜근)과 함께 광대를 올리며 눈주름을 지게 웃는 '뒤센 미소'(Duchenne)와 '팬암 미소'(Pan Am Smile)입니다. '보톡스 미소'라고도 불리는 '팬암 미소'는 입꼬리 주위의 근육만을 이용해 웃는 가짜 미소를 말합니다. 이 입꼬리 근육은 우리가 자발적으로 예의를 나타내기 위하여 인위적으로 올릴 수 있습니다. 팬암이라는 명칭은 팬 아메리카(Pan America)라는 과거 미국항공사의 이름을 따 만들어졌는데, 승무원들이 승객들에게 항상 직업적인 미소를 지었기 때문입니다. 연구에 따르면 80%의 사람은 진짜 같은 가짜 미소를 만들지 못한다고 합니다. 뒤센 미소의 핵심인 눈 주위 근육(안륜근)을 자발적으로 통제하기 어렵기 때문이죠. 그래서 진정한 뒤센 미소는 우리가 정말 기쁜 일이 있을 때 나오는 이유이기도 합니다.

눈이 **반달모양**이 된다.
입꼬리가 올라간다.

시선과 아이 콘택트

———————— 발표를 하거나 사회생활을 하는 데 있이 아이 콘택트, 즉 눈맞춤의 힘은 놀랍습니다. 처음 보는 사람에게 2분 동안만 서로의 눈을 바라보게 했을 뿐인데 서로에 대한 호감도가 급상승하는 것만

보더라도 커뮤니케이션 과정에서 아이 콘택트는 아주 중요한 요소라고 할 수 있죠. 이와 관련해 같은 사람의 사진이지만 동공의 미세한 크기 차이를 주면 호감도가 달라진다는 실험 결과도 있는 만큼 눈을 통해 전달되는 이미지 효과는 매우 크다고 할 수 있습니다. 특히 발표를 할 때 청중과 아이 콘택트는 발표자에게 청중의 반응을 모니터링할 수 있는 아주 좋은 장치입니다.

더 나아가 아이 콘택트를 통해 청중과 발표자를 연결하기 때문에 발표자의 자신감이나 신뢰성을 보여줄 수 있기도 합니다. 어렸을 적 왠지 두렵고 어려운 사람 앞에선 눈맞춤이 힘들었다거나 거짓말을 한 후 엄마와 이야기할 때 눈을 마주치지 못했던 경험이 누구에게나 한 번쯤은 있을 것입니다. 스피치에 관한 강의 중에 "거짓말을 한 아이가 부모의 눈을 똑바로 쳐다보고 말한다면, 그 아이는 정말 신경 써 잘 키우셔야 합니다."라는 필자의 유머에 모두 크게 웃으며 동감을 표현했던 적이 있었는데요. 이는 우리가 아이 콘택트가 가지고 있는 시그널과 관련해 모두 공감하는 지점이 있기 때문일 것입니다. 이렇게 아이 콘택트는 또 다른 언어라고 할 만큼 중요하다고 할 수 있습니다. 그렇다면 시선 처리를 어떻게 해야 할까요?

대부분의 스피치 강사는 이렇게 말합니다. "발표하거나 보고할 때 아이 콘택트를 하는 것이 어렵다면 앞에 있는 상대방의 미간이나 이마 혹은 인중, 코끝, 턱 등을 보라."라고 말입니다. 물론 이것도 맞는 이야기이지만 여기에는 정보가 하나 빠졌습니다. 일대일로 대화를 할 경우에는 화자와 청자의 거리가 가까워 이마를 보고 말하게 되면 흰 눈동자의 노출이 심각해집니다. 마찬가지로 상대방의 입술이나 턱 끝을 보는 것도 시선이 땅으로 떨어지기 때문에 상대방 입장에서는 오해를 할 수 있죠. 따라서 그러한 경우에는 다소간의 주의가 필요합니다. 거리가 어느 정도 확보된 상태에서는 크게 문제가 되지 않겠으나 가까운 거리에서는 좋지 않은 시선 처리입니다.

상황별 아이 콘택트 활용 팁

그렇다면 다수의 청중 앞에서 발표를 할 경우에는 어떻게 해야 할까요? 이 경우에는 그룹핑(Grouping)을 통해 청중과 고루고루 아이 콘택트를 하는 것이 중요합니다. 청중이 앉아 있는 형태에 따라 그룹을 나누어서 아이 콘택트를 하는 것이죠. 예를 들어, 청중이 앉아 있는 형태가 부채꼴 모양으로 펼쳐진 경우 가운데를 중심으로 왼쪽과 오른쪽으로 나누어 삼등분한 후 시선을 이동하며 아이 콘택트를 할 수 있도록 하는 것입니다. 청중이 앉아 있는 형태가 사각형 모형이라면 바둑판 모양으로 나누어 시선 처리하는 것이 좋습니다. 그리고 시선이동을 할 때에는 눈동자가 눈의 가운데에 있어야 한다는 원칙을 잊지 않아야 합니다. 턱을 같이 움직여 시선의 방향을 자연스럽게 만들어 주어야 합니다. 따라서 발표 무대가 크다면 몸의 방향을 같이 움직여주는 것이 보기에도 자연스럽습니다.

결정권자가 없는 일반적인 발표라면 전체 청중을 고루 바라보며 하는 것이 바람직하나 결정권자가 있는 발표의 경우는 조금 다릅니다. 무엇보다 가장 핵심적인 인물이라고 할 수 있는 '한 사람'에게 초점을 맞추고 말하는 것이 좋습니다. 만일 한 사람만 바라보고 발표하는 것이 부담스럽다면 그룹핑을 통해 소수의 사람에게 아이 콘택트를 하는 것이 좋습니다.

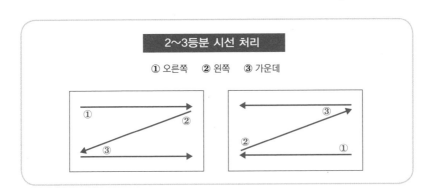

| 코끝·인중·턱 끝 | 눈(눈 아랫부분) | 미간 | 이마 정수리 |

종합해서 정리하면, 아이 콘택트를 할 때 상대의 눈 정중앙을 바라보는 것이 부담스럽다면 눈동자 아랫부분을 보며 말하는 것이 좋습니다. 자연스럽게 시선을 이동하는 것 역시 중요하며, 그룹핑을 하거나 한 사람만을 정해서 말하는 것이 어렵다면 가장 긍정적인 반응을 보이는 사람을 바라보고 발표하는 것도 좋은 방법이 될 수 있습니다.

자신에게 긍정적인 반응을 보여주는 사람을 활용하는 것은 긴장감 조절 차원에서 매우 중요합니다. 발표자의 청중 분석이 빠르게 진행되어 나에게 긍정적인 반응을 보이는 사람을 바로 찾아낼 수 있다면 그 발표가 성공적으로 끝날 확률이 높아지는 것을 의미한다고 할 수 있습니다. 나에게 긍정적인 표정과 고개를 끄덕이는 등의 리액션을 취해주는 청중을 보며 발표하면 안정감을 찾을 수 있지만, 무표정하거나 비호의적인 제스처를 취하는 청중을 보게 되면 '내 발표 내용이 잘못되었나? 내가 잘하고 있는 건가?'라는 생각에 긴장하게 되는 경우도 많아지기 때문이죠. 따라서 긴장감이 올라오면 빨리 전환할 수 있도록 긍정적 반응의 청중과 아이 콘택트를 하면 도움이 됩니다. 다만 이때에도 주의가 필요한데요. 이와 관련한 저의 프레젠테이션 발표 심사 경험을 소개하겠습니다.

제가 참여했던 행사는 회사 내 동아리별로 동아리활동 프로젝트를 기획하고 발표해서 심사 결과에 따라 동아리 활동비를 지원받는 것이었습니다. 6~10명으로 구성된 동아리를 대표하는 직원이 나와 발표를 하게 되는 것이죠. 회사 임원진과 필자를 포함해 3명의 심사위원과 대회에 참가한 동아리원까지 모두 100명 정도의 청중이 있는 무대였습니다. 그중 한 팀의 발표자는 처음부터 많이 긴장한 모습으로 등장했습니다. 그 때문인지 같은 동아리 팀원이 앉아있는 곳을 처음부터 끝까지 바라보며 발표했는데요. 긴장감 때문에 안정감을 찾기 위한 노력이라고 이해는 하지만 심사위원이나 다른 청중은 전혀 배려하지 않은 발표가 되고 말았고 청중의 집중도도 당연히 떨어졌습니다. 특히 심사위원인 결정권자가 있는 발표이니만큼 시선 처리에 있어 더욱 신경을 썼어야 했음에도 불구하고 전혀 그렇게 진행되지 못했죠. 이와 같은 예는 아이 콘택트를 과도하게 잘못 사용한 부적절한 예의 대표라고 할 수 있습니다. 따라서 여러분들께서는 긴장되더라도 적절히 분배해 아이 콘택트를 제대로 활용할 수 있도록 연습하시길 바랍니다.

호감 있는 목소리를 만들기 위한 기초훈련법

STEP 01 : 복식호흡법

❶ 반듯한 자세로 앉거나 선다. 이때 허리는 펴되 목과 어깨는 힘을 뺀다.

❷ 코로 천천히 숨을 들이마신다. 어깨와 가슴은 최대한 움직임 없이 배를 팽창시킨다.

❸ 충분히 마신 상태에서 3초 정도 멈춘다. 복부 근육을 단련시킬 수 있다.

❹ 입술을 살짝 벌려 '스~' 발음을 내며 치아 사이로 천천히 숨을 내쉰다.

❺ 팽창했던 배가 쑥 들어가며 마신 공기가 모두 빠져나간다는 생각으로 끝까지 내뱉는다.

> **알아두면 좋은 꿀팁 @**
> 매일 꾸준히 실시해야 익숙해져 말할 때 활용할 수 있다. 또한, 폐활량이 늘고 산소 공급이 원활해져 건강한 생활을 유지하는 데 도움이 된다.

STEP 02 : 발성연습법

❶ 복식호흡으로 들이마신 공기를 '아~' 소리를 내며 호흡이 다 소진될 때까지 내뱉는다.

❷ 입 모양을 크게 하고 도, 레, 미, 파, 솔 중에서도 '미~' 정도의 편한 톤을 찾는 내는 것이 중요하다. 톤을 달리하여 여러 번 발성해보면 내게 편한 톤을 찾을 수 있다.

❸ 길게 냈던 소리를 끊어서 발성한다. 스타카토 발성법으로 힘 있는 소리를 내기 위한 발성법이다. 배 근육의 힘을 활용해 튕기면서 강하게 호흡을 내보내는 훈련이다.

'아!아!아!아!아!' '아!아!아!아!아!'

짧고 힘 있는 소리를 낼 수 있도록 하자.

STEP 03 : 발음연습법

❶ 조음 기관 풀어주는 스트레칭을 꾸준히 한다.

❷ '아`에`이`오`우'' 입 모양을 크게 하여 발음해본다. 이때 얼굴 근육을 최대한 움직인다.

❸ 입안에 공기를 넣어 뺨을 부풀린 후 오른쪽 왼쪽으로 공기를 이동시키며 입 주변 근육을 푼다.

❹ 혀의 근육이 부드러워질 수 있도록 많이 움직여본다. '따르르릉' 소리를 정확하게 내며 혀끝의 움직임을 느껴본다.

똑딱	푸~	따르릉
X	X	X
10	10	10

❺ 발음연습표를 보고 정확한 음가로 발음하는 연습을 한다.

꼭 알고 가야 할 것

❻ 까다로운 발음연습 문장을 연습한다. 특히 이중모음발음과 받침발음을 주의
  해서 읽는다.

가	갸	거	겨	고	교	구	규	그	기	게	개	괴	귀
나	냐	너	녀	노	뇨	누	뉴	느	니	네	내	뇌	뉘
다	댜	더	뎌	도	됴	두	듀	드	디	데	대	되	뒤
라	랴	러	려	로	료	루	류	르	리	레	래	뢰	뤼
마	먀	머	며	모	묘	무	뮤	므	미	메	매	뫼	뮈
바	뱌	버	벼	보	뵤	부	뷰	브	비	베	배	뵈	뷔
사	샤	서	셔	소	쇼	수	슈	스	시	세	새	쇠	쉬
아	야	어	여	오	요	우	유	으	이	에	애	외	위
자	쟈	저	져	조	죠	주	쥬	즈	지	제	재	죄	쥐
차	챠	처	쳐	초	쵸	추	츄	츠	치	체	채	최	취
카	캬	커	켜	코	쿄	쿠	큐	크	키	케	캐	쾨	퀴
타	탸	터	텨	토	툐	투	튜	트	티	테	태	퇴	튀
파	퍄	퍼	펴	포	표	푸	퓨	프	피	페	패	푀	퓌
하	햐	허	혀	호	효	후	휴	흐	히	헤	해	회	휘

대한민국 직장인 스피치 교과서

잘나가는 직장인의 커뮤니케이션은 다르다

승진을 부르는
회의 스피치 기술은
다르다

유능한 경영자가 되기 위한 중요한 덕목 중 하나는
회의를 생산적으로 하는 것이고,
생산적 회의 진행을 위해서는 스피치 기술이 필요하다.

01

" 인정받는 회의 스피치 준비 기술 "

유능한 경영자가 되기 위한 중요한 덕목 중 하나는

회의를 생산적으로 하는 것이다.

——————————— 현대 경영학의 창시자, 피터 드러커(Peter Drucker)
가 한 말입니다. 그러나 최근에는 드러커가 제시한 리더의 덕목에 한 가
지 조건이 더 추가됐습니다. 바로 '생산적 회의 진행을 위한 스피치 스킬'
입니다.

직장인들을 대상으로 '회의 문화'에 대한 설문 조사 결과 일주일에 평균
3회 이상 회의에 참석하지만, 효율성은 그리 높지 않다고 답했습니다. 그
이유로는 '결론은 없고 시간만 낭비하기 때문'이라는 답변이 가장 많았습
니다. 회의는 직장생활에서 가장 많은 시간을 차지함에도 불구하고 '생산
적인 회의'를 하는 경우가 드물다는 방증이죠. 대부분의 일반적인 회의가
여러 사람의 의견을 모으는 것이 아닌 소수의 일방적인 의견 제시로 끝나

거나, 급하게 소집했지만 적절한 준비 없이 회의를 참석한 탓에 별다른 소
득이 없이 끝나기 때문입니다.

　이런 점에서 직장에서 가장 많은 시간을 차지하는 '회의'를 생산적인 시
간으로 바꾸기 위해서는 적합한 '회의 스피치 스킬'이 필요합니다. 그뿐만
아니라 회의 전과 회의 중 그리고 회의 후에 반드시 챙겨야 할 준비 과정이
있습니다. 즉, 치밀한 사전 준비, 효과적인 회의 진행, 회의 후 적절한 피드
백(Feedbact)이 바로 그것이죠. 본격적인 회의 스피치 스킬을 전수하기 전에
'생산적인 회의'란 무엇인지, 그리고 '왜 회의 스피치 기술'이 필요한지 먼
저 살펴보겠습니다.

생산적인 회의란 무엇일까

　　　　　　　　　　　통상 '회의'란 다수의 사람이 명확한 목표 달성
을 위해 참가자들의 지식과 경험을 결집하고 협력을 획득해 정보를 전달
하거나 지시를 위해 협의하는 과정을 말합니다. 쉽게 말하면 회의란 공통
된 목적을 가진 다수의 사람이 목표를 달성하기 위해 모인 활발한 커뮤니
케이션 과정이라고 할 수 있습니다. 특히 조직에서 자유로운 회의 분위기
를 조성해야 하는 이유도 여기에 있습니다. 참여자들이 활발한 커뮤니케
이션 과정을 통해 창의적인 아이디어를 낼 수 있게 하여 직원들의 업무능
률 향상을 이끌 수 있기 때문이죠.

　이런 점에서 분명한 목적과 목표가 있는 만큼 회의는 길고 지루하게 진
행되어선 안 되며 짧은 시간에 집중적으로 정보를 제시하고 협의하는 과

　　　　　　　　/　　잘나가는 직장인의 커뮤니케이션은 다르다

정이 필요한 것이죠. 이를 위해서는 주제에 관한 철저한 사전 준비가 필수적입니다.

회의는 앞서 언급했듯이 조직에서 다양한 결정과 우선순위를 정하고, 변화된 내용에 대한 합의 등을 통해 조직 문화를 규정, 지속시키는 등 매우 중요한 기능을 수행하기 때문에 생산적인 회의 운용이 필요하며, 이에 따른 적합한 회의 스피치 능력도 중요합니다.

회의 실패의 원인

논의의 부재

회의가 실패하는 가장 큰 원인은 '논의의 부재'입니다. 최근 많이 변화됐다고는 하지만, 아직도 조직 문화가 경직된 딱딱한 분위기의 회사가 많습니다. 권위적인 사내 분위기는 회의에서도 심리적으로 위축시킬 수 있죠. 특히 이런 사내 문화를 가진 곳은 기본적으로 토론문화가 부재하고, 커뮤니케이션 방식이 '탑다운(Top-Down, 하향)'으로 이루어지기 때문에 더욱 적극적인 회의 과정이 없는 것입니다.

경직된 사내 문화

회의 스피치를 하는 데 있어 경직된 사내 문화도 좋지 않습니다. 상사가 회의도 진행하고, 의견도 제시하고, 결론과 지시까지 해버린다면 사실 회의가 아니라 일방적인 업무에 불과한 것이죠. 상사가 아닌 사원이 이런 분위기에서 회의를 진행하거나 발표하는 경우엔 더욱 상황이 어렵습니다. 가뜩이나 다수가 지켜보는 상황에서 회의를 진행해야 하는데, 무거운 분위기라면 호응이 없어 회의 진행도 어려울뿐더러 더욱 긴장하게 되기 때문입니다.

회의 스피치 역량 부족

생산적인 회의 결과를 도출하기 위해서는 상황에 맞는 스피치 기술이 필요한데, 이에 대한 역량이 부족한 사람이 회의를 진행하거나 발표를 하게 되면 결국 또다시 비생산적인 회의로 이어질 수 있습니다. 회의 스피치 스킬이 부족한 사람이 회의 진행을 맡았다고 가정해보겠습니다. 다수의 사람이 자신의 의견만을 제시하는 상황이라면 이를 통제하고 하나의 결론으로 이어질 수 있도록 회의를 진행해야 하는데 상황에 맞는 논리적인 멘트로 무분별한 발언을 제어하는 능력이 부족해 결국 회의가 비생산적인 방향으로 흘러가게 된다는 것이죠.

이렇게 철저한 준비 없는 회의의 실패는 비용, 시간, 생산성, 사기저하에 있어 모두 부정적인 영향을 끼칩니다. 그래서 회의를 하기 전 철저한 회의 준비 과정이 필요한 것입니다. 여기에 회의를 잘 이끌어 갈 수 있는 적합한 스피치 능력을 가진 사람이 진행을 맡고, 발표도 할 수 있도록 인력을 배치하는 것도 필요합니다.

그렇다면 이제 본격적으로 '생산성 있는 회의'는 어떻게 준비해야 하며, '똑똑한 회의 스피치 기술'은 무엇인지 살펴보겠습니다.

생산적 회의를 위한 스피치 준비 과정

우선 회의는 크게 두 가지 종류로 나눌 수 있습니다. 회의 종류에 따라 회의 스피치 기술도 달라지는 만큼 이를 숙지하고 진행 방식을 결정하는 것이 필요합니다. 먼저 의사 결정이 필요한 회의가 있고, 이와는 달리 정보를 공유하기 위한 회의가 있습니다.

회의 특성에 따른 진행 방식을 확인해야 한다

의사 결정이 필요한 회의는 더욱 철저한 사전 준비가 필요합니다. 좀처럼 결론이 나지 않는 회의는 참석자들을 힘들게 할 뿐만 아니라 다들 바쁜 업무시간을 쪼개 회의에 참석했는데 성과는 없고 또다시 회의에 참석해야 한다면 힘이 빠지기 마련이죠.

이런 점에서 회의를 진행하고, 발표하는 역할을 맡게 되었다면, 가장 먼저 숙지해야 할 일이 있습니다. 바로 회의 전에 이번 회의에서 의사 결정을 해야 하는 안건은 무엇인지, 그 의사 결정 수준이 어느 정도인지, 그리고 회의 목적, 참석자, 진행 방식 등을 명확히 이해하고 이를 참석자들에게 명확히 제시해야 합니다. 또한, 사전에 회의를 소집한 최고 상관이나 회의에 참석하는 주요 의사 결정권자들의 눈높이에 맞는 적절한 회의 스피치 기술도 필요합니다. 가능하다면 모든 참석자에게 회의 자료를 설명해 사전 이해를 돕고, 활발한 의견 교환이 이루어질 수 있도록 회의 진행을 유도해야 합니다.

만약 회의 참석자가 회의 진행자에게 '자신이 이 회의에 왜 참석해야 하는가'를 물어보는 일이 발생한다면, 그는 바로 회의의 사전 준비가 부실했다는 방증이 될 수 있습니다. 이런 질문이 나오지 않도록 회의를 진행할 때 구체적이고 자세하게 설명해야 하며, 이에 따른 사전 준비 역시 철저히 이루어져야 합니다.

회의 시작 전 확인해야 하는 질문 4가지

❶ 무엇을 위한 회의입니까?
❷ 누가 회의 진행 및 의사 결정 역할을 합니까?
❸ 언제까지 의사 결정을 내려야 합니까?
❹ 어떻게 의사 결정을 내립니까?

/ 잘나가는 직장인의 커뮤니케이션은 다르다

회의 발표 방법

───────── 회의를 진행하고 회의 후 그 결과를 바로 정리해서 발표해야 하는 경우가 있습니다. 혹은 회의 중에 자신의 팀이 추진하는 프로젝트 내용을 다수의 청중에게 발표해야 하는 경우도 있죠. 그런데 이럴 때 발표 준비는 완벽하게 했지만, 발표만 하려고 하면 내용이 하나도 떠오르지 않고 머릿속이 백지장처럼 하얗게 된 경험이 한 번쯤 있을 겁니다.

사실 회의 내용이나 결과를 발표하는 자리는 전달하는 메시지가 분명합니다. 그래서 혹자는 '다 나온 내용을 취합하고 정리해 말하면 되는 일인데 이게 그렇게 긴장되고 어려운 일인가?'라고 생각할 수도 있습니다. 그러나 구체적인 자료가 있고, 전달하려는 메시지가 분명한 이 자리에서도 어김없이 긴장할 수 있습니다.

발표 울렁증이 있다면

앞서 설명한 것처럼 발표하려고 청중 앞에 서면 말하고자 하는 내용이 하나도 떠오르지 않을 수 있죠. 마치 단기 기억상실증에 걸린 것처럼 말입니다. 준비한 멘트가 하나도 떠오르지 않을 수 있습니다. 그런데 안타깝게도 발표불안에는 이렇다 할 명확한 해결방법이 없습니다. 발표불안 증상은 개인에 따라 제각기 다르게 나타나기 때문입니다.

이럴 경우 일반적으로 사용하는 방법이 있습니다.

① 관련 에피소드 상기하기 + **② 자신과 대화하기**

❶ 관련 에피소드 상기하기

우선 발표만 하려고 하면 그 내용을 모두 잊어버릴 때 효과적인 방법이 바로 '관련 에피소드 상기하기'입니다. 예컨대 회의 중에 어떤 아이디어 하나가 참석자들의 큰 호응을 받았다고 가정해봅시다. 큰 호응 끝에 결국 이 아이디어가 회사 차원에서 진행하기로 되었음을 청중들에게 발표해야 하는데, 그 내용을 발표하려고 하니 다 잊어버릴 수 있습니다. 이럴 때 그 아이디어의 핵심적인 키워드를 나열하고, 그에 맞는 에피소드를 하나씩 상기하는 것입니다. 핵심 키워드가 '소통'이었다면, 이를 도출하는 과정에서 김 과장과 박 과장이 갈등이 있었던 사건을 상기시키는 것이죠. 이렇게 말해야 할 '키워드'와 연관된 에피소드를 연결하다 보면 회의 내용을 발표해야 하는 순간 내용을 잊게 되는 것도 점차 완화될 것입니다.

❷ 자신과 대화하기

또 하나의 방법인 '자신과 대화하기'도 발표할 때 긴장을 완화시키는 좋은 방법입니다. 의사 결정권자가 앞에 있는데 대표로 회의 내용을 발표해야 한다면 아무리 담대한 사람도 긴장할 수밖에 없습니다. 이럴 때 '자신과 대화'를 하면서 불안한 마음을 긍정적으로 풀어내려고 노력하는 것이죠. 사실 효과적으로 회의 스피치를 하기 위해서는 다수를 끌어당기는 힘도 있어야 합니다. 그러기 위해서는 긴장감에 지배당하지 않고 자신과 대화를 통해 이를 극복해야 하죠. '나는 할 수 있다.'라고 반복적으로 되뇌면서 긴장감은 풀고, 꼭 발표해야 할 회의 내용을 키워드로 압축해 명확한 메시지를 전달해야 합니다.

/ 잘나가는 직장인의 커뮤니케이션은 다르다

발표불안을 극복할 수 있는 방법들

　오랫동안 스피치 강의를 하면서 만난 사람들 대부분은 스피치에 자신감이 없다고 말합니다. 그들은 '발음이 좋지 않아서', '목소리가 작아서', '남들 앞에서 어떤 말을 해야 할지 떠오르지 않아서' 등 다양한 이유로 스피치에 자신이 없다고 했습니다. 그런데 이런 모든 이유는 사실 발표에 대한 긴장감 때문에 오는 현상들이라고 해도 과언은 아닙니다. 일단 발표에 불안감이 생기면 더 다양한 육체적 반응이 나타납니다. 예를 들어, 얼굴이 붉어지고, 목소리가 떨리고, 얼굴 근육이 경직되고, 입술이 바짝 마르는 등 심지어 호흡곤란을 겪는 사람도 있습니다. 발표하는 내내 이런 증상들이 나타나기도 하죠.

　이런 증상의 원인은 결국 심리적인 것 때문으로 분석됩니다. 물론 호흡량이 부족하거나 성대의 문제 등 선천적인 신체 요인이 있는 사람도 있습니다. 하지만 대부분은 다른 사람들의 시선이나 평가를 의식하는 데서 오는 심리적 요인이 강합니다. '완벽하게 잘하고 싶다, 실수하면 안 된다, 발표준비가 다 되어있지 않은데 걱정이다, 청중이나 상대방이 내 스피치를 좋아할지 모르겠다, 내 제안이나 의견이 관철되지 않으면 어떡할까 걱정이다, 실수하면 내 이미지가 우스워질 텐데….' 이런 생각들이 바로 불안 증세를 유발한다고 할 수 있습니다.

　그런데 여기서 우리가 꼭 짚고 넘어가야 할 것은 실패했던 경험, 발표하면서 스스로 창피하다고 느꼈던 기억, 발표 후 결과가 좋지 않았던 기억, 말실수로 힘들었던 경험이 있는 경우 무의식에서 그런 기억들이 올라오며 발표불안을 가중시킵니다. 또한, 우리나라는 유교적인 문화에서 어른 앞에서는 말을 삼가야 한다거나 의견을 적극적으로 하면 말대꾸를 한다는 지적을 받았던 풍토가 표현 수단으로서의 말하기 능력을 키우는데 방해요소가 되어 왔습니다.

1 발표에 관한 다양한 경험을 하라

만약 누군가가 저에게 "발표를 잘하기 위한 가장 효과적인 방법은 무엇입니까?" 혹은 "어떻게 하면 떨지 않고 발표를 할 수 있을까요?"라고 묻는다면, 언제나 "크고 작은 많은 경험을 하세요."라고 말할 것입니다. 처음부터 임무가 막중하고 청중이 많은 큰 발표보다는 청중의 수가 적고 가볍게 발표할 수 있는 자리를 활용하면 좋습니다. 이렇게 경험이 중요함에도 실패했던 기억, 거절당했던 기억, 말 때문에 혼났던 기억이 무의식에 존재하면 남들 앞에서 스피치하는 것이 두려우니 당연히 그런 기회는 피하게 마련입니다. 그러다 보니 발표불안 해소는커녕 오랜만에 오른 무대에서 더 긴장하게 되는 것입니다. 당연히 발표에 대한 만족도는 높지 않고, 이는 또 부정적인 기억으로 남게 되죠.

그래서 '경험'을 강조하는 것입니다. 성공의 경험이나 발표에 대한 성취감을 맛본다면 당연히 자신감이 올라가고, 발표 기회가 또 왔을 때도 피하지 않게 됩니다. 이런 경험이 계속 쌓이다 보면 발표불안에서 벗어날 수 있게 됩니다.

그럼 좀 더 구체적으로 발표불안을 해결할 수 있는 방법은 무엇이 있을까요?

우선, 충분한 연습이 기본입니다. 여기서 말하는 '충분한'이란 한두 번의 연습을 말하는 것이 아닙니다. '이렇게까지 많이 해야 하나?' 싶을 정도로 거듭 반복되는 연습을 해줘야 합니다. 계속해서 새로운 내용을 연습하기보다는 한 가지 내용을 충분히 연습하고 난 뒤 그다음 새로운 내용을 다시 처음부터 반복적으로 연습하는 것을 추천합니다. 신체적 반응을 줄이기 위해 가장 우선이 되어야 할 것은 불안 심리를 분석하고 마음을 관리하는 것이 가장 중요하다고 할 수 있습니다. 무의식이 올라오든 아니든, 신체 반응이 오든 아니든 내용에 대한 이해와 확신, 그리고 준비가 있다면 잘해낼 수 있다는 믿음이 생기게 됩니다.

다음으로, 연습에도 전략이 필요합니다. 최대한 실전과 비슷한 상황을 만들어 놓고 연습하는 게 제일 중요합니다. 연습을 실전처럼 해야 합니다. 대부분 눈으로 원고 내용을 외우는 경우가 많습니다. 그러나 스피치는 음성언어로 표현하는 것입니다. 그래서 꼭 소리 내어 연습해야 합니다. 그리고 편하게 앉은 자세로 연습하는 것이 아니라 서서 반듯한 자세로 해야 합니다.

2 발표 원고를 모조리 외우는 방법, NO!

원고를 통째로 외우려고 하지 말아야 합니다. 원고 내용을 달달 외우는 것이야말로 실수하기 위한 적합한 환경을 만드는 것입니다. 내용을 이해하는 것으로 충분합니다. 하지만 긴장하게 되면 생각나지 않으니 논리적인 표현을 위해 원고를 쓰는 것이죠. 그러나 원고에 있는 조사 하나하나까지 그대로 외워 말하려다 보면 단어를 빠트리거나 조사를 잘못 사용한 경우 오히려 더 긴장하게 되고 그다음 내용까지 생각나지 않을 확률이 높습니다. 그래서 먼저 내용을 완전히 이해하고 문장별로 꼭 중요한 단어를 찾아 키워드를 나열해놓고 말하는 연습을 하는 것이 좋습니다. 처음 몇 번은 통째로 읽어도 좋습니다. 횟수를 거듭해 가면서 원고 의존도를 줄이고 키워드 혹은 슬라이드장표만 살짝 보고도 문장을 이어갈 수 있을 정도의 연습이 제대로 된 연습입니다.

3 심리적 원인 해결 : 이미지 그려보기, 호흡 조절

여기에 더해 발표불안을 야기하는 심리적 원인이나 생각을 분석해보고 관점을 바꾸는 연습도 필요합니다. 예를 들어, '실수할까 봐 두렵다.'라면 '실수해도 괜찮다. 완벽한 사람은 없다. 실수는 다음 도약을 위한 발판이 된다.'라고 생각하는 것이죠. 또한, '발음이 좋지 않은데 어떡하지?'라는 생각이 든다면 '발음 연습을 많이 했으니 괜찮겠지, 표정이나 제스처를 더 잘하면 될 거야. 시각언어 전달력이 더 중요해.'라고 자기 암시를 하는 것입니다.

다음으로 긍정적인 결과를 이미지로 그려보는 것도 발표불안을 극복할 수 있는 좋은 방법입니다. 무대 위에서 멋지게 발표하는 자신의 모습을 상상하거나, 열심히 연습한 자신의 모습을 좋게 보는 청중의 따뜻한 눈빛도 머릿속으로 그려보는 것이죠. 이런 상상만으로도 기분 좋은 흥분이 생길 것입니다.

마지막으로 호흡 조절 연습도 꾸준히 한다면 발표불안을 해결할 수 있습니다. 신체적 반응을 가장 빨리 조절할 수 있는 것이 바로 '호흡'입니다. 발표 중간에 너무 긴장된다면, 호흡을 가다듬을 수 있도록 깊은 호흡을 하고 긴장을 완화하도록 합니다. 중간중간 호흡이 가빠지지 않도록 평소에 복식호흡 연습을 많이 해야 합니다. 긴장감이나 불안은 피해야 하는 것이 아니라 활용해야 한다고 생각해야 합니다. 더 완성도 있는 발표를 위해 필요한 조건이죠. 청중의 시선을 의식하기보다는 자신이 발표를 얼마나 즐기고 있는가에 의식을 모아보는 것 어떨까요?

실제로 한 기업의 상무는 단 '3분짜리' 발표를 앞두고 필자와 발표불안을 극복하기 위해 무려 100일간 만나기도 했습니다. 이 분은 일단 사람들 앞에서 서는 것 자체를 꺼렸는데, 그 원인이 무엇일지 분석해보니 초등학교 때 친구들 앞에서 발표하다가 웃음거리가 된 기억과 그 사건을 두고 부모님이 더 핀잔을 준 기억 때문이었습니다. 이 일은 이분에게 트라우마로 남게 된 것이죠. 물론 상무라는 사회적 지위를 얻기 위해 수많은 스피치를 해야 했지만, 그때마다 철저하게 피하기만 했다고 고백했습니다.

이를 극복시키기 위해 필자는 가장 먼저 편하게 바닥에 앉아 대화했고, 그다음 수업에서는 의자에 앉아 대화했고, 그다음은 연단에 서서 대화하는 등의 단계를 밟았습니다. 그의 불안한 마음을 천천히 달래기 위해서였죠. 이렇게 단계적으로 천천히 올라가면서 조금씩 성공사례를 누적시키면 스스로 성취감을 느끼게 되어 있습니다. '아 되는구나, 불안감을 극복할 수 있구나.'라는 생각이 듭니다. 결국, 이 분은 최근 멋지게 TV뉴스 인터뷰도 해냈습니다. 이렇게 크든 작든 계속 사람들 앞에서 말하는 기회를 가져야 합니다. 아무것도 하지 않으면 아무런 변화가 없습니다.

한 번은 고위 공직자를 대상으로 스피치 강의를 했던 것도 기억에 남습니다. 당시 어떤 분은 스피치를 위해 연단에 올라가다 기절을 하기도 했습니다. 그 정도로 발표불안이 심각한 상황이었죠. 그러나 필자의 코칭을 통해 발표불안을 극복했고 현재 지방에서 국회의원으로 활동 중입니다. 필자는 15년이 넘는 강사 활동 중 정말 많은 발표불안자를 만났습니다. 단언컨대 99%는 발표불안을 극복시켰다고 자신합니다. 물론 필자 역시 스피치할 때 긴장합니다. 그러나 필자는 그 긴장감을 스트레스로 생각하지 않고 즐기는 것이죠. 발표불안 극복해답은 이미 앞에 언급했듯이 크고 작은 무대든 혹은 회의에서라도 자주 발언하거나 많은 사람 앞에서 말을 많이 하는 것이 중요합니다. 무엇보다 확실한 것은 발표불안은 극복 가능하다는 것입니다. 발표불안은 사회생활 특히 직장인에게 있어 너무 큰 장애물입니다. 이것만 넘어서면 승진도 잘 될 수 있습니다. 말 잘하는 사람이 승진도 빠르고 연봉도 높다는 연구결과도 있는 것만 보더라도 이를 짐작할 수 있습니다.

회의 스피치의 내용 구성

——————————— '회의 진행을 위한 사전 준비도 완벽하고, 회의 발표를 하는 데 있어서 긴장감도 완화했다면 이제 고민할 것은 가장 핵심적인 메시지인 회의 내용을 어떻게 구성해야 하는가?'입니다.

사실 회의에서뿐만 아니라 모든 스피치에서 가장 중요한 부분은 '논리'입니다. 발표의 내용이 논리적으로 구성되어 있을 때 회의에 참석한 사람들의 시선을 끌 수 있죠. 그리고 회의 내용에 대한 그들의 이해도 높일 수 있습니다. 그러나 대다수 사람이 회의하고 난 후 그 내용을 전달하는 과정을 어렵게 생각합니다. 회의 내용은 알지만, 이를 어떻게 요약하고 정리해서 전달하는지에 어려움을 느끼는 것이죠. 하지만 회의 스피치의 내용을 구성하는 것은 어렵지 않습니다. 앞서 언급한 '논리 구조'만 정확히 인지하고 있으면 됩니다.

발표 내용은 '서론 – 본론 – 결론'으로 구성

/ 잘나가는 직장인의 커뮤니케이션은 다르다

특히 소규모 회의가 아닌 다수의 청중이 있는 회의 결과를 발표할 때 이 스피치 구성은 필수적입니다. 발표를 앞두고 어떻게 논리를 세울지 모르겠다면, 무조건 '서론 - 본론 - 결론'으로 발표 내용을 구성하면 됩니다. 먼저 이 논리구조를 활용하면 시간을 효과적으로 사용할 수 있습니다. 예를 들어, 논리 구성없이 막연히 발표하면, 서론만 말하다 시간이 없어 발표를 끝내버리는 경우가 발생할 수도 있습니다. 혹은 결론을 준비하지 않아 앞에 했던 내용을 또다시 반복하다가 대충 마무리하는 경우도 있죠. 그러나 발표 내용을 이렇게 3단으로 구성하게 되면 내용을 짜임새 있게 말할 수 있고 시간도 효과적으로 단축할 수 있습니다.

1 서론의 내용은 어떻게 구성해야 할까요

서론의 가장 큰 역할은 바로 '청중의 관심을 끄는 것'입니다. 서론에서 청중의 집중도를 높여야 본론의 핵심 내용을 명확히 전달할 수 있죠. 서론이 탄탄해야 본론의 내용 역시 논리적으로 짜임새 있게 발표할 수 있습니다. 일반적으로 회의 스피치에서 서론을 별로 중요하지 않다고 생각하는 사람들이 많습니다. 하지만 서론은 스피치를 시작하는 첫 단추이기 때문에 정말 중요합니다.

서론에서 가장 효과적인 내용 구성 방법은 청중에게 질문하는 것입니다. 질문할 경우 청중으로 하여금 질문에 대한 생각을 떠올리게 할 수 있기 때문이죠. 그리고 본론에서 이야기할 내용으로 청중을 강하게 흡입시키는 방법도 바로 '질문하기'입니다. 다만 여기서 주의해야 할 점은 청중이 '예 아니면 아니오'로 대답할 수 있는 질문을 해선 안 된다는 것입니다. 서론은 결론까지 청중의 집중을 높이고, 논리적 흐름을 완벽하게 이어갈 수 있도록 청중의 참여를 유도해야 합니다. 예컨대 "오늘 회의 내용이 좋았죠?"라고 묻는 것이 아니라, "오늘 회의에서 기억에 남는 키워드는 무엇인가요?"라고 청중의 참여를 유도하는 질문이 가장 좋습니다.

또한, 서론에서 스토리나 경험담을 넣는 것도 좋은 방법입니다. 오늘 회의에서 가장 생각나는 장면이나 가장 번뜩이는 아이디어를 제공한 사람이 누구였는지 자신의 개인적인 감정이나 느낌을 발표 서론에 넣으면 지루한 회의 마무리 시간에 긴장도 완화할 수 있고, 끝까지 흥미를 유도할 수 있습니다.

정리하면, 일단 서론에는 '질문'을 통해 회의 결론에 대한 흥미를 높이도록 내용을 구성하거나 발표자 자신의 느낌이나 경험담을 넣어 앞으로 본론의 내용이 필요하다는 필요성을 인식시켜주는 것이 가장 좋은 방법입니다. 하나 마나 한 스토리는 별다른 효과도 없고, 식상한 내용의 스토리는 오히려 역효과가 날 수 있으니 주의해야 합니다.

2 본론 : 회의 스피치의 핵심

사실 '본론'이 회의 스피치의 가장 핵심 알맹이라고 할 수 있습니다. 아무리 서론을 멋있게 시작했다고 하더라도 그 핵심 내용이 없으면 도대체 회의에서 무슨 이야기를 주고받은 것인지 허탈할 수 있기 때문이죠. 그래서 본론의 내용을 어떻게 구성하느냐에 따라 회의 스피치의 결과도 달라질 수 있습니다.

❶ 본론의 내용을 키워드별로 분류

회의에서 어떤 핵심 내용이 나왔는지 '핵심 키워드'를 3가지 정도로 압축해 이에 대한 부가적인 내용을 구성합니다. 쉽게 말하면 발표할 본론의 내용을 키워드로 말하는 것이죠.

　스피치를 할 때 모든 회의 내용을 기억하며 말하기는 쉽지 않습니다. 더군다나 회의는 회의록이 있다고 하더라도 모든 상황과 불필요한 정보까지 담겨있기 때문에 이를 청중에게 다 전달하는 것은 비생산적입니다. 그래서 회의 내용을 스피치하기 전에 꼭 전달해야 하는 내용을 '키워드'나 '문장'으로 압축해 발표하는 것이 좋습니다.

❷ 회의 본론은 두괄식으로

　그런데 이 과정에서 주의해야 할 점이 있습니다. 바로 '두괄식'으로 발표해야 한다는 것입니다. 예를 들어, "오늘 회의 핵심 내용은 3가지의 키워드로 압축할 수 있습니다. '소통, 혁신 그리고 해외진출'입니다." 이런 식으로 본론을 시작할 때 가장 먼저 스피치를 하는 것이죠. 만약 발표자가 말을 웅얼거리거나 내용이 정리되지 않아 무슨 말인지 모르게 스피치를 한다면, 아마 그 내용이 미괄식으로 구성된 경우가 많을 것입니다. 내용의 핵심이 가장 뒤에 있다 보니, 한참 이야기를 듣고 나서야 비로소 내용 파악을 할 수 있게 되는 것이죠. 시간과 생산성을 가장 중요시 하는 게 회의인 만큼, 그 결과를 발표하는 스피치에서도 이는 예외 없이 적용되어야 합니다.

　구체적으로 순서를 정리해보겠습니다. ① 결론을 이야기 ② 결론에 대한 근거를 설명 ③ 다시 한 번 결론을 언급. 이렇게 본론을 스피치한다면 청중도 발표하는 자신도 그 내용을 이해하는 데 어려움이 없을 것입니다.

3 결론 : 내용 요약과 정리가 중요

마지막으로 회의 스피치의 '결론'을 구성하는 방법입니다. 지금까지 서론과 본론을 잘 말해놓고 결론을 잘 마무리 짓지 못하면 그것만큼 아쉬울 순 없을 겁니다. 그런데 결론을 구성하는 것은 사실 서론과 본론에 비해 굉장히 쉽습니다. 바로 '내용을 정리'만 하면 되기 때문입니다. 앞서 본론에서 설명했던 내용 중 가장 핵심적인 내용을 압축적으로 정리해 발표하는 것이죠. 여기에 좀 더 호응을 유도하고 멋지게 스피치를 마무리하고 싶다면, 명언으로 마무리하는 것도 좋은 방법입니다. 예컨대 "오늘 회의 내용을 보며 누군가의 멋진 발언이 생각났다"면서 그 누군가의 명언을 이야기하고 회의 스피치를 갈음하는 것이죠.

◆ 김 과장의 회의 발표 계획서 작성하기 예제 ◆

[서론]
청중의 관심을 유도할 수 있는 인상적인 멘트

[본론]
핵심 키워드 3가지 뽑아내기
두괄식으로 말하기 PREP*

[결론]
핵심 내용을 함축하는 명언이나 멘트로 마무리

* PREP는 핵심메시지(Point), 이유(Reason), 객관적 사례(Example), 핵심결론(Point)의 각 영문 앞글자를 따서 만든 약자다.

02
❝ 아이디어를 효과적으로 전달하는 회의 스피치 기술 ❞

아이디어를 효과적으로 전달하기

———————————— 지금까지 회의를 진행하는 스피치를 알아보았
다면, 이제는 회의 중에 자신의 아이디어를 효과적으로 전달하는 스피치
기술을 살펴보겠습니다. 사실 직장생활이나 사회생활은 나 혼자만 잘한다
고 해서 성과를 내기는 어렵습니다. 업계와 업종을 불문하고 직장생활의
기본은 팀워크이죠. 이에 따라 동료, 후배 혹은 상사들과 커뮤니케이션 없
이는 일을 진행할 수 없습니다. 이런 점을 비추어 볼 때 자신이 아무리 좋
은 아이디어와 기획안을 갖고 있다고 하더라도 이를 팀원들에게 효과적으
로 전달하고 설득하지 못한다면, 일을 추진할 수는 없겠죠. 이런 상황을 염
두에 두고, 이번 장에서는 회의 중 번뜩이는 아이디어를 제사할 때 효과적
으로 설득하는 스피치 스킬을 알아보도록 하겠습니다.

상사 설득 스킬
동의 유도, 장·단점 어필, 경청

──────────────── 가장 먼저 상사를 설득하는 스피치 스킬을 알아
보겠습니다. 앞서 누차 강조했듯이 아무리 좋은 아이디어를 갖고 있다고
하더라도 이를 최종적으로 결제(Confirm)하는 상사의 허락이 없다면, 아이
디어는 빛을 볼 수 없습니다. 아이디어나 아이템 혹은 기획안을 추진하고
싶다면 먼저 상사를 설득하는 것이 필요합니다. 이 과정에는 3가지 단계가
있습니다.

1 상사의 동의를 유도하는 스피치

상사의 동의를 구하기 위해선 다짜고짜 상사에게 "이런 아이디어가 있
으니 허락을 해주세요."라고 말하는 것은 옳지 않습니다. 무조건 자신의
아이디어를 상사에게 어필하기 보다는 상사와 자신 두 사람이 공통으로
생각하고 있는 목표, 조건 등을 먼저 확인해야 합니다. 즉, 상사와 공감대
를 형성한 후에 이를 타개할 자신만의 아이디어를 주장하는 것이죠.

예를 들어, "현재 매출액은 목표액의 70% 정도에 불과합니다. 목표액
을 달성하기 위해서는 이번 분기에 적어도 20% 이상의 매출은 더 올라야
합니다. 이를 위해 제가 이런 방법이 어떨지 생각해봤습니다."라는 식으로
말하는 것입니다. 상사와 자신이 공통으로 가지고 있는 문제의식을 가장
먼저 짚어주고, 공통의 목표를 언급한 뒤 자신의 아이디어를 상사에게 어
필하는 스피치 스킬입니다. 이런 방식으로 말을 한다면, 상사 역시 무조건
반대하기보다는 아이디어에 대해 긍정적으로 생각할 수 있고, 설사 아이

디어가 별로라고 할지라도 이를 시도했다는 것 자체에 상사는 긍정적으로 평가할 수 있습니다.

② 아이디어의 장점과 단점 어필

앞선 ①의 과정을 통해 아이디어에 대한 상사의 동의를 어느 정도 구했다면, 이제는 그 아이디어를 구체적으로 설명하는 과정으로 넘어갑니다. 확실한 포인트를 중심으로 아이디어의 장단점을 구체적으로 설명하는 것이죠. 여기서 주의해야 할 점은 아이디어를 추진하기에 급급해 무조건 장점만을 부각하는 말하기 방식은 좋지 않습니다. 아이디어를 말한다는 것 자체는 이를 추진해 얻는 결과까지도 자신이 책임져야 하므로 본격적으로 이를 추진하기 전에 냉정하고 객관적으로 평가받는 과정도 필요합니다. 그뿐만 아니라 아이디어를 제안한 자신만 만족해서는 상사는 물론 팀원들의 동의도 구하기 어렵습니다.

이런 점을 염두에 두고 아이디어를 어필하기 전에, 이것이 회사 전체에 얼마나 이익이 되는지를 판단하고, 만약 상사가 우려하는 부정적인 요소가 있다면 이 역시 미리 보고하는 것이 중요합니다. 여기서 중요한 점이 한가지 더 있습니다. 자신의 아이디어를 부각하기 위해 다른 사람이 제안한 아이디어를 비판해서는 안 됩니다. 또한, 아무리 자신의 아이디어가 좋다고 해서 기존의 기획이나 방법을 부정하는 것 역시 바람직하지 않습니다. 즉, 자신의 아이디어만 고수하지 않고 기존 방법이나 다른 사람의 의견도 함께 연동해 자신의 아이디어를 어필한다면 상사의 동의를 구할 수 있습니다.

3 상사의 의견을 경청

마지막 단계는 스피치를 하기보다는 '경청'을 하는 방법입니다. 앞서 1~2단계 과정을 통해 상사에게 자신의 아이디어를 명확히 설명했다면, 이번 단계에서는 상사의 최종 의견을 경청하는 것입니다.

만약 상사로부터 '추진 불가' 판정을 받았다면, 감정적으로 대처하지 않고 상사의 의견을 묻는 것이 좋습니다. 그 이유를 확인해 더 좋은 아이디어를 내놓을 수 있도록 하는 것이죠. 특히 상사가 안 된다고 판단한 그 근거를 아이디어에 보충한다면 더욱 좋은 기획안이 탄생할 수 있습니다. 반면 상사로부터 '추진 허가'를 받았다면, 구체적으로 아이디어를 언제부터 시작하는 게 좋을지 추진 계획을 구체적으로 수립하고 보고하는 과정이 필요합니다.

물론 여기서는 상사와 기획안을 제출한 나와의 관계도 중요한 판단 요소가 됩니다. 만약 상사와 나의 관계가 좋지 않다면, 상사 역시 아무리 좋은 아이디어라고 하더라도 힘을 실어주지 않기 때문입니다. 이런 점에서 상사와 평상시에도 커뮤니케이션을 활발히 하고, 유대감을 깊게 쌓는 것도 필요합니다. 특히 상사에게 발언할 기회를 많이 주는 것도 하나의 좋은 방법이 될 수 있습니다.

그런데 세상에는 다양한 인간군이 존재하는 만큼, 상사 역시 좋은 사람과 나쁜 사람이 있을 수 있습니다. 예를 들어, 후배가 제안한 아이디어를 자신의 아이디어라고 윗선에 보고하거나, 후배가 밤새며 고생해서 성사시킨 프로젝트의 결과물만 자신의 공으로 챙기는 경우도 있죠. 이럴 때는 당당하게 모든 팀원이 지켜보는 자리에서 공언(公言)하는 것이 좋습니다. 특히 상사의 상사가 함께 있는 자리에서 한 번 더 언급하는 것도 하나의 방법일 수 있습니다. 물론 이 과정을 통해 서로 감정적으로 다칠 수 있기 때문에 특별히 주의하며 신중하게 행해야 한다는 점은 명심해야 합니다.

요약반복기법@

상대방의 말을 듣고 반복해주는 기술

A : 어제 모임에서 큰 꽃다발을 선물로 받았어.
오랜만에 선물을 받으니 얼마나 기분이 좋은지!
B : 이야, 모임에서 큰 꽃다발을 선물로 받다니 기분이 좋았겠다!

지금까지 회의 중에 상사에게 아이디어를 설명하는 스피치 기술을 확인했다면, 이제는 다수의 청중에게 기획안을 제안하는 스피치 기술을 알아보겠습니다.

청중에게 기획안을 제안하는 스피치 기술

1 요약해서 말하기

앞서 언급했듯이 회의는 '시간'과 '생산성'이 관건입니다. 아무리 좋은 아이디어와 기획안을 갖고 있다고 하더라도, 이를 짧은 시간 동안 분명하게 말할 수 없다면, 누구에게도 긍정적인 평가를 받을 수 없습니다. 그래서 회의 중 자신의 아이디어를 여러 사람에게 어필하고, 이들에게 동의를 구하고 싶다면 가장 먼저 해야 인식해야 하고 가장 먼저 해야 할 일은 '요약'해서 말할 수 있도록 해야 한다는 것입니다.

아이디어를 설명할 때 절대 장황하게 말을 해서는 안 됩니다. 중언부언 하지 않고, 회의 참석자들이 아이디어를 이해하는 데 꼭 필요하다고 판단 되는 요점만 간단히 말하는 것이죠. 핵심만 간단히 설명한다면, 듣는 이로 하여금 시간을 뺏기고 있다든가 지루하다는 생각을 하지 못하게 만들 수 있을 뿐 아니라 내용에 대한 신뢰까지 얻을 수 있습니다.

특히 스피치를 시작할 때 두괄식으로 아이디어의 핵심이 무엇인지를 미리 말한 다음 자세한 설명을 부연한다면, 더욱 긍정적인 효과를 얻을 수 있습니다. 본격적인 이야기를 듣기에 앞서 전체 맥락을 인지한 후 자세한 설명을 듣게 되기 때문이죠. 이런 상황 속에서 이루어지는 대화는 상대의 동의를 쉽게 얻을 수 있습니다. 아울러 요약해서 말하는 방식은 상사에게 스마트한 직원이라는 인상을 강하게 심어줄 수 있습니다.

② 차근차근 말하기

문장이든 말이든 짧을수록 알아듣기 쉽고 장황할수록 어렵습니다. 호흡이 짧은 만큼 전달 내용의 템포가 빠르면 전체적으로 그 내용이 명료해지는 것이죠. 특히 회의 중 자신이 제안한 아이디어에 대해 다수의 동의를 구하기 위해서는 분명하고 설득력 있게 말하는 것이 중요합니다. 특히 회의 시간에 쫓겨 아이디어의 내용을 너무 압축적으로 요약해 전달한다면, 청중을 설득하는 데 있어 어려움을 겪을 수 있습니다. 회의 중 커뮤니케이션 과정을 통해 아이디어를 설득하고 전달하는 것이 대화의 목적이라면 반드시 한 가지씩 차근차근 말해야 합니다. 상대방이 아이디어를 이해할 수 있도록 충분한 시간적 여유를 줘야 하기 때문이죠. 상대방에게 자신의 아이디어를 어필해야 한다면, 한 번에 15~20초 이상 말을 하는 것은 효과적이지 않습니다.

③ 추상적인 말보다는 구체적인 말로 표현하기

아이디어를 말하는 과정도 사실 시각적인 자료가 없다면 굉장히 추상적일 수 있습니다. '스피치'에만 의존해 아이디어의 목적이나 결과, 과정 등을 설명해야 하기 때문입니다. 특히 추상적인 말은 의미가 굉장히 폭넓게 해석되기 때문에 결과를 도출해야 하는 회의 중에 사용하기에는 어쩌면 적합하지 않습니다. 따라서 가능하다면 머릿속에 있는 아이디어를 다수의 청중이 떠올릴 수 있도록 구체적인 단어와 문장을 통해 풀어서 설명하는 것이 좋습니다.

예를 들어, "해외시장을 더 개척하는 방법으로 해외영업 담당 부서를 확대해야 한다."라고 주장하기보다는 "기존 해외시장이 아닌 새로운 해외시장을 개척하기 위해 해외 영업담당에 소수어를 전공한 인재들을 뽑아 활용해야 한다."라고 말하는 것이죠.

추상적이고 구체적이지 않은 말은 의미가 여러 가지로 해석될 수 있는 만큼 경제적 이익을 창출하기 위해 모인 회사에서 사용하는 것을 지양해야 합니다. 만약 어쩔 수 없이 추상적인 단어를 사용해야 한다면 반드시 구체적인 말로 부연해 청중의 이해를 도와야 합니다. 그래야 불필요한 오해의 소지를 제거하고 명확한 커뮤니케이션을 할 수 있습니다.

03

" 회의 중 반대하는 상대 대처 기술 "

반대 의견

───────────── '반대'는 관심의 또 다른 표현입니다. 회의 중에 혹은 회사 업무에서 사신의 의견에 상대방이 반대한다는 것은 역설적이 게도 내 의견에 관심을 두기 시작했다는 것을 의미하기도 하죠. 쉽게 말하면, 애초에 상대방이 나한테 관심이 없었다면 반대조차 하지 않았을 것이란 말입니다. '회의하는 중'이라고 상황을 가정해보겠습니다. 커뮤니케이션 과정에서 상대방이 너무나 쉽게 자신의 의견에 동의한 경우도 있을 것입니다. 혹은 상사가 무조건 자신이 낸 아이디어를 추켜올리고 동의하는 바람에 오히려 당황한 경험도 있을 것입니다. 특히 만약 상대방을 설득해야 하는 사안인데도 상대방이 너무나 쉽게 찬성 의견을 피력한다면 더욱더 상황을 판단하는데 당황스러울 수 있습니다. 이런 상황에서는 상대방의 진의(眞意)가 무엇인지 확인할 필요가 있습니다. 공적 업무 자리인 회의

에서 자신의 의견이 무조건 인정받고 동의를 받는 가능성은 희박하기 때문이죠.

사실 '회사 밖'에서 '반대'에 직면해 갈등이 생기더라도 이를 해결할 가능성은 많습니다. 서로 입장은 다르지만, 같은 분야의 문제를 다루고 있다는 점에서 갈등을 해소할 여지가 많은 것이죠. 예를 들어, 베트남 시장을 공략하기 위해 현지 한 회사와 MOU를 체결하고 업무를 함께 한다고 가정해보겠습니다. 이럴 경우 현지 사정과 국내에서 파악하는 현지 사정이 다르기 때문에 갈등의 소지가 충분합니다. 그러나 이들은 현지 시장 개척과 확대라는 공통된 목표가 있기 때문에 갈등을 해소하고 함께 일을 추진할 수 있습니다.

반면 '회사 내부' 갈등은 상황이 다릅니다. 영업부에서 낸 아이디어가 재무부의 반대로 인해 프로젝트가 무산될 경우 갈등이 촉발될 수도 있습니다. 특히 반대의 이유가 터무니없거나 납득할 수 없다면 갈등의 골은 더 깊어질 수 있죠. 물론 회사 내부 부서도 결국은 '회사 이윤 추구'라는 궁극적인 목표는 같지만, 부서마다 중요하다고 생각하는 포인트는 다를 수 있기 때문입니다. 즉, 회사를 생각하는 마음은 같지만, 목표를 바라보는 각도나 실현 방법이 다를 수 있다는 뜻이죠. 그래서 사내 부서 간, 동료 간, 선후배 간 갈등의 골은 더 깊어질 수 있는 것입니다.

회의 중 혹은 사내에서 거센 반론에 부딪혔을 때

———————————— 앞서 말했듯이 반론이 없는 회의는 큰 위험을

초래할 수 있습니다. 이런 점에서 회의 중에 반론은 반드시 필요한 과정입니다. 문제는 이것을 건설적인 방향으로 리드할 수 있느냐 없느냐에 달려 있습니다. 특히 여러 부서가 참여한 회의라면 부서마다 목표를 추구하는 방향이 다르다는 점을 인정하고 어휘 선택이나 말투를 신중하게 해야 합니다.

회의 중 타 부서의 반대에 직면했다면 우선 부서 간 생각하는 지점이 다르다는 사실을 항상 염두에 두고 발언을 하는 것이 좋습니다. 반대하기 때문에 감정이 상할 수 있지만, 이에 대해 감정적으로 대처하기보다는 상대의 의견을 경청하고 어떤 이유로 반대하는지 그 이유를 살펴보는 것이 필요합니다. 이 과정에서 절충과 타협을 할 수 있다면 이 부분부터 이야기를 시작하는 것이 좋습니다. 상대의 의견을 경청하고, 양보할 수 있는 부분에 대해 언급을 한 후 그다음 단계로 넘어가는 것이죠.

그렇다면 이에 대한 구체적인 스피치 방법을 알아보겠습니다.

1 '반대'를 표명해준 상대에게 감사를 표하기

회의 중 자신의 의견이나 자신이 속한 팀의 아이디어에 상대가 반론을 제기했다면, 그 상대방에게 먼저 감사 인사를 하는 게 좋습니다. 앞서 언급했듯 회의 중 '반론, 반대'는 생산적인 결과를 도출하는데 필수적인 과정입니다. 그리고 일의 결과는 책임이 따르기 때문에 반대 의견은 위험성을 줄일 수 있는 요소입니다. 이런 점에서 반론을 제기한 상대에게 감사를 표하는 것이 좋습니다. 이후에는 상대방이 반대하는 부분에 대해 가지고 있는 대안을 말합니다. 결국, 반대한다는 것은 회의 중 제시한 아이디어에 대해 우려하고 있다는 것인 만큼, 상대의 우려를 해소할 만한 긍정적인 단어를 선택하는 것이 중요합니다.

만약 이 과정에서 상대방이 감정적으로 반대 의견을 제시하고, 자신의 이름을 호명하며 공격적으로 반응을 보인다면 개인적으로 대처하기보다는 팀 전체로 자신을 묶어 반응하는 것이 좋습니다. 예를 들어, "○○씨 아이디어는 추상적이고 시대착오적이다."라는 비판을 들었다면, "시대착오적이라는 것은 아무래도 마케팅 트렌드 방향 때문인 것 같다. 우리 마케팅 부서에서도 이런 비판에 대한 공감대를 형성하고 있는 만큼 추후 이를 보완할 대안을 마련 중이다."라고 말하는 것이죠.

회의라는 것은 결국 서로 의견을 교환하고 생산적인 결론을 얻기 위한 과정인 만큼, 자신의 의견에 대해서 반대를 표명했다고 해서 감정적으로 대처하는 것은 바람직하지 않습니다. 감정적으로 상황을 다루기보다는 냉정하고 객관적으로 접근하는 과정이 필요합니다.

2 구체적인 질문으로 모호한 부분을 명확히 하기(질문)

반대 의견을 제시한 내용이 모호하거나 추상적이라 이를 파악하는 데 어려움을 느낄 수 있습니다. 어떤 의도로 상대방이 반대하는지 파악하기 어렵다면, 구체적인 질문으로 모호한 부분에 대해 명확히 짚고 넘어가는 것이 좋습니다. 그뿐만 아니라 상대방과 자신의 의견이 다를지라도 합의할 수 있는 부분을 찾아 그것을 알려주는 것이 좋습니다. 질문을 하거나 반대 의견에 대해 명확한 의견을 피력할 때 추상적인 부사나 형용사를 사용하는 것을 지양해야 합니다.

이와 반대로 자신이 상대방의 의견에 '반대'를 할 경우에는 어떻게 해야 할까요?

앞서 언급한 과정과 마찬가지로 상대방의 의견에 수긍한 다음, 이견이 있는 부분에 관해 설명합니다. 아울러 의견을 제시하는 과정 마지막에 건설적이고 구체적인 해결책으로 결론이 도출될 수 있도록 합의점을 찾는 것이죠.

그런데 이 과정에서 주의해야 할 점은 상대방을 부정하거나 개인적인 인신공격은 절대 하지 말아야 한다는 점입니다. 무언의 반론 역시 좋지 않습니다. 회의처럼 공적인 업무 영역에서 인신공격이나 상대방을 부정하는 발언을 하는 것은 커뮤니케이션을 위한 기본적인 자세도 갖추고 있지 않다는 것으로 볼 수 있습니다. 더불어 회의 흐름에 대체적으로 만족하고 특별한 의견이 없는 경우라도, 최소한의 의사표시는 해야 합니다. 상대방의 말을 충분히 이해했다면 이 역시 분명히 표명하는 것이 중요합니다.

회의는 결국 문제를 해결하고 생산적인 결론을 도출하기 위한 자리입니다. 회의를 통해 결정된 사안에 참석한 전원이 100% 찬성한다는 것은 쉽지 않습니다. 70% 정도 찬성을 하더라도 30%의 반대가 있다면 결론을 도출하는 것 역시 어렵기 때문이죠. 그러나 회의는 결국 나 혼자만 잘한다고 해서 최상의 결론을 얻을 수 없는 만큼 모두 함께 의견을 나누고 반대 의견도 합의하고 상호가 좋은 결론을 얻기 위해 최선을 다해야 합니다.

상사 의견에 반대해야 할 때

저도 그러한 시각에는 동의합니다. 하지만…
충분히 이해합니다. 그래서…
재미있는 시각이시군요.
　　저는 이렇게 생각합니다.
그렇게 보실 수도 있겠군요.
어느 것이 옳다 그르다 하기 전에
지금 지적하신 사항에 대해
　　좀 더 시간을 가지고 연구해 보겠습니다.

─────────────────　상사가 낸 의견에 대해 반대를 해야 할 때는 어떻게 커뮤니케이션을 해야 할까요?

아무리 좋은 상사라 하더라도 후배가 자신의 의견에 합리적 근거를 제시하지 못하면서 반대한다면 좋아할 리 없습니다. 이런 감정상태가 지속한다면 앞으로 자신이 아이디어를 제안할 때도 상사가 동의하지 않을 수 있죠. 사실 아랫사람이 회사의 중요 결정 사항 등에 여러 가지 문제를 제기하거나 아랫사람들끼리 중요한 문제가 논의된다면 이 역시 상사는 감정이 상할 수 있죠. 이럴 때 감정적인 반발도 쉽게 일어날 수 있습니다. 그렇다면 상사의 의견에 반대를 표현하면서도 서로 감정적으로 다치지 않는 선에서 어떻게 표현할 수 있을까요?

이럴 때 가장 좋은 방법은 상사에게 가르침을 요청하는 형식으로 반대 의견을 표시한다면 상사의 감정을 다치지 않게 할 수 있습니다. 즉, 상사의 체면을 세워주면서 가르침을 청하는 방식으로 커뮤니케이션을 진행한다면 자신이 원하는 대로 상황을 이끌 수 있습니다.

예를 들어, "부장님 의견을 듣고 보니 이 문제에 대해 제가 안일하게 생각했던 것 같습니다. 그런데 이런 의문이 생겼습니다. 그래서 저는 이 문제를 해결하기 위해 이런 방식으로 진행하는 게 어떨까 싶은데 이에 대해서는 어떻게 생각하세요? 부장님께서 갖고 계신 방향을 가르쳐 주시면 향후 프로젝트 진행에 도움이 될 것 같습니다."라고 말을 하는 것이죠.

이런 식으로 커뮤니케이션을 진행하면, 상사 입장에서도 체면이 상하지 않고 마음을 열게 되고, 그래서 순수한 마음으로 아랫사람의 의견을 수용할 수 있습니다.

특히 이런 방식의 커뮤니케이션은 또 다른 장점을 갖고 있습니다. 상사 입장에서는 아랫사람이 '회사 일에 대해 열심히 생각하고 있구나!'라는 생각을 가지게 되고, 또 다른 새로운 면을 발견하게 함으로써 아랫사람의 능력을 다시 한 번 확인할 수 있죠. 물론 표면적으로는 아랫사람이 자신의 의견이 부족하다는 것을 인정하는 모습일 수 있습니다. 그러나 사회생활을 오래 한 상사 입장에서는 아랫사람이 이런 방식으로 자신에게 의견을 개진한다면 아랫사람에 대해 긍정적 평가를 할 뿐만 아니라 친밀감도 느낄 수 있습니다.

이렇듯 상사에게 신뢰감을 주고 반발을 불러일으키지 않기 위해서는 자신의 의견을 너무 드러내기보다는 은근하게 발언함으로써 상사의 호응을 유도하는 것이 좋습니다. 따라서 상사와 다른 의견을 제시할 경우에는 발언의 '주체'를 자신이 아닌 '상사'라는 것을 염두에 두고 말하는 것이 좋습니다. "부장님 말하고 싶은 것이 있습니다."라고 말하기보다는 "부장님께 조언을 구할 일이 있습니다."라고 표현하는 것이 좋습니다. 발언의 주체를 상대방에 초점을 맞추면 상사를 높여준다는 느낌이 들 수 있죠. 결국, 상사가 아랫사람인 자신의 의견을 오픈마인드로 수용할 가능성을 높여줄 수 있는 것입니다.

상대방이 내적 갈등을 빚고 있을 경우 중심 잡기

───────────── 회의 중 자신의 의견에 반대나 찬성을 명확히 표명하지 않을 경우에 자신의 의견만을 계속 내세우는 것은 좋지 않습니다. 아직 어떤 판단도 내리지 못한 상황인데, 이를 판단할 시간적 여유를 주지 않고, 찬성을 종용한다면 상대방은 더욱 부정적인 방향으로 생각하게 되는 것이죠. 예를 들어, 쇼핑을 갔을 때 A 브랜드와 B 브랜드 두 옷이 모두 다 맘에 드는 데, 같이 간 사람이 이유도 말해주지 않고 A 브랜드 옷이 B 브랜드 옷보다 예쁘다고 하면 이상하게도 B 브랜드 옷이 더 마음에 드는 것을 경험해본 적이 있을 것입니다. 상대방과 갈등을 유발하지 않기 위해 반대의 경우가 더 맘에 들기도 하고, 괜히 B 브랜드 옷이 더 맘에 들 수도 있습니다. 즉, 상대방이 결론을 내리기 전까지 상대방에게 선택하도록 강요해서는 안 됩니다.

특히 이럴 경우 중립적인 견해를 밝히는 것이 더 좋습니다. 중립적인 의견을 내놓는다면 상대방은 두 가지 상황에 대해 객관적이고 냉정한 판단을 할 수 있죠. 어느 정도 일정 시간이 지난 다음 차분한 목소리로 의견을 다시 한 번 언급하는 것이 좋습니다. 다시 말하면 상대가 이해할 수 있는 충분한 시간을 제공하고 여기에 대의명분까지 제시한다면 반대를 하는 상대방의 마음을 움직이기 더욱 쉬운 것이죠.

무조건 반대에는 질문으로 대응할 것

——————————— 앞서 언급한 사례들은 반대의 이유가 타당할 경우에 적합한 대응 방식입니다. 그런데 사회생활이나 조직에서는 언제나 타당한 근거를 갖지 않고도 반대하는 경우도 있습니다. 사실 객관적인 자료를 바탕으로 하지 않는 무조건 반대는 비이성적인 상황입니다. 이런 반대에 하나하나 대응하려고 하면 공연히 시간만 낭비하는 셈이 되는 것이죠. 필요 이상으로 격렬히 반대하거나 지나치게 완고한 태도를 보이거나 내용과 관계없는 말을 할 경우에는 어떻게 대처해야 할까요? 만약 상대방이 어떤 타당한 근거도 없이 무조건 자신의 의견에 반대하는 경우에는 그 내용이 이성적이고 객관적으로 이치에 맞는 것인지 판단한 후 대응해야 합니다.

먼저 상대방의 주장과 자신의 의견을 비교, 분석, 검토합니다. 이 과정을 통해 서로 간 의견의 차이가 어떤 이유에서 촉발된 것인지 갈등 발생의 원인을 찾는 것이죠. 원인을 찾으면 문제 해결의 실마리를 찾기도 쉽습니다. 그런데 만약 어떤 타당한 이유 없이 상대방이 무조건 반대하는 경우라면, 대부분 감정적인 이유로 인해 갈등이 촉발된 경우가 많습니다. 그냥 자신을 싫어하기 때문에 그 의견 역시 싫은 것이죠. 혹은 타인에게 비난을 받고 싶지 않다는 이유로 무작정 반대하는 것일 수도 있습니다.

다음으로 상대의 반대에 직접 반론을 제기하기보다는 '질문'의 형식을 통해 상대방의 의도가 무엇인지 파악하는 것이 좋습니다. 질문 형식을 취하면 거절당하지 않을 수 있습니다. 무엇보다 반대를 위한 반대에 직면하지 않을 수 있죠. 설사 앞서 말한 대로 상대방이 자신의 의견에 감정적인 이유로 반대하는 것이라면 그 이유를 알기 위해서라도 질문 형식을 취해 원인을 파악하는 것이 좋습니다. 물론 그들의 의견이 이치에 맞지 않고 논리적인 대화가 이루어지지 않을 수도 있습니다. 아무리 타당한 근거에 입각한 논리를 세워 설명하더라도 상대방이 마음을 움직이지 않을 수 있죠. 그러나 이럴 때 '질문 형식'을 취한다면 상대방에게 가르침을 요청하는 모습을 보여서 그의 체면을 세워준다면 상황을 더욱 악화시키지 않을 수 있습니다.

이와 함께 상대방을 이해하고 있다는 태도를 보여주는 것이 좋습니다. 상대방이 내 의견에 반대하는 이유가 감정적이라면, 상대방의 의견이나 주장을 모두 수용하겠다는 액션을 취하는 것이 좋습니다. 무조건 상대방의 의견에 동의하겠다는 뜻이 아니라 상대방의 기분을 이해하고 있다는 모습을 보여주는 것이죠. 상대방의 감정이나 태도가 회의에서는 당연히 보일 수 있다는 것임을 인정하는 것입니다. 상대는 자신의 감정에 공감을 해주지 않을 때 오히려 더 역효과가 날 수 있습니다.

이때 슬쩍 "당신의 의견도 맞지만, 이렇게 하면 어떨까?"라는 식으로 의견을 제시하는 것이 좋습니다. 즉, 당신은 방향성만 제시했을 뿐 상대가 원하는 것을 하도록 여지를 주는 것이죠. 먼저 상대방의 의견에 공감을 해주고 그다음에야 자신의 처지와 견해를 드러내는 것이죠.

그런데 여기서 주의해야 할 점은 상대방 처지에서 표면적으로만 자신의 의견에 동의하고 있다는 뉘앙스를 풍겨서는 안 됩니다. 상대방이 아무리 감정적인 이유로 인해 자신의 의견에 반대하고 있다고 하더라도, 그의 의견을 차분히 검토하고 그 이유를 다시 물어보는 진정성 있는 과정이 필요합니다. 그 이유가 설사 분명하지 않더라도 반대한 이유가 무엇인지 좀 더 자세하게 설명해달라고 요청하는 것이죠. 만약 상대방이 하는 말을 주의 깊게 검토하지 않고 자신의 주장만 강조하면 상대방의 생각을 바꾸는 일은 거의 불가능할 것입니다.

칭찬받는 회의록 작성 기술

지금까지 철저한 회의 스피치 준비, 회의 진행, 생산적인 회의를 만드는 스피치 기술 등을 알아보았습니다. 그러나 회의의 끝은 '회의록'을 통해 그날 회의를 기록하는 것입니다. 그렇다면 이제는 상사로부터 혹은 사내에서 칭찬받는 회의록을 만드는 기술을 살펴보겠습니다.

회의록의 의미와 작성 방법

회의록이란 회의 시작부터 종료할 때까지 전 과정 등을 빠짐없이 사실대로 기록한 자료를 말합니다. 회의록은 작성자의 주관대로 작성하는 것이 아니라 회의 내용을 빠짐없이 사실대로 기록해 참석자의 확인까지 얻은 후 보관해야 합니다. 후에 문제가 생겨 회의 내용에 대해 논쟁이 일어났을 때 그 증거로 제시할 수 있는 문서이죠. 따라서 회의록은 회의 참석자 전원의 공식적인 승인을 얻어야 하며, 이를 기록하는 전문 서기가 있어야 합니다.

우리가 뉴스를 통해 국회 상임위원회 회의에서 의원들 중간에 앉아 타자를 치고 있는 속기사를 본 적이 있을 것입니다. 이들은 속기로 발언 내용을 전부 그대로 기록하지만, 일반적인 회사에서는 '약식'으로 회의록을 작성합니다.

우선 회의록은 회의가 이루어지는 장소에서 나오는 핵심 안건, 결론, 행동사항, 발언, 참석자, 책임자 정보, 결론 등 모든 내용을 작성합니다. 앞서 언급한 대로 회의록은 회의에서 결정된 사항을 증명하고 기록할 수 있기 때문에 중요 회의 때는 회의록 작성이 필수적입니다. 이런 점에서 회의록을 작성하는 서기는 전반적인 내용의 흐름을 신속하게 이해할 수 있는 사람으로 지명하는 것이 좋습니다. 중구난방(衆口難防)식으로 회의가 진행되더라도 그 속에서 맥을 짚어내고 핵심적인 회의 내용을 잘 분석하고 내용을 기재할 수 있는 사람이 적합한 것이죠.

그뿐만 아니라 회의록에는 핵심적으로 회의에 목적에 맞는 회의록이 나와야 합니다. 회의 참가자들이 말하고자 하는 바가 무엇인지, 그날의 핵심 안건에서 주요 논지가 무엇이었는지, 이 모든 과정이 회의록에 빠짐없이 담겨 있어야 합니다. 그리고 최종적으로 회의 참석자들이 어떤 역할을 하기로 했는지, 결정된 사항이 후에 어떤 과정을 통해 이루어지는지 등이 빠짐없이 담겨 있어야 하죠.

/ 잘나가는 직장인의 커뮤니케이션은 다르다

어떤 회의록이 칭찬받는 회의록일까?

1 이해하기 쉬운 회의록

회의록을 살펴봤을 때 누구나 쉽고 빠르게 이해할 수 있는 회의록이 진짜 좋은 회의록입니다. 어려운 전문 용어를 쓰거나 한자, 외국어 등을 사용하기보다는 한글로 풀어서 회의록을 쓴다면 더욱 효과적으로 이해를 도울 수 있습니다. 만약 불가피하게 전문용어를 써야 한다면, 설명을 추가해 부연해야 합니다. 또한, 회의 도중 나온 사례의 이해를 돕기 위해 같은 사안에 대한 실패 사례를 덧붙이거나, 아이디어를 제안한 부서의 의견을 첨가해 해당 내용에 대한 객관성과 설득력을 높일 수 있습니다.

2 완성도 높은 회의록

완성도가 높다는 것이 꼭 회의 내용이 모두 완벽하게 빠짐없이 기록되어 있다는 것을 의미하는 것은 아닙니다. 한 보고서 내용당 하나의 주제로 기록하고, 논지의 흐름이 명확하고 분명하게 기록되어 있는 것이 바로 완성도가 높은 회의록인 것이죠. 그뿐만 아니라 오탈자가 빈번하게 적혀 있거나, 틀린 수치를 기재하고 있지는 않은지 명확히 살펴보는 과정도 중요합니다. 아무리 완벽하게 회의 내용을 기록하고 정리했다고 하더라도 오탈자나 수치에 문제가 있다면 이 역시 완성도가 높은 회의록이라고 할 수 없습니다.

3 간단 명료한 회의록

앞서 아이디어를 제안할 때와 마찬가지로, 회의록 역시 중언부언하거나 불필요한 내용이 많이 담겨 있으면 좋은 회의록이 아닙니다. 최적의 보고서 길이는 A4용지 2매 이내가 적당합니다. 만약 이 이상으로 분량이 나올 경우 목차를 작성하는 것이 좋습니다. 회의록을 보는 사람을 배려하는 것이 필요합니다. 특히 회의록의 내용은 육하원칙에 따라 명료하게 작성해야 하며, 도입부에 요약본이나 결론 등 가장 중요한 내용을 배치하는 것이 좋습니다. 그러나 미사여구, 과장, 길고 장황한 문장은 되도록 쓰지 않는 것이 좋습니다.

회의록 작성법과 유의사항

──────────── 구체적으로 회의록을 어떻게 작성해야 하는지 살펴보겠습니다. 작성법이 특별히 정해져 있는 것은 아니지만, 회의 과정에서 나온 핵심 안건과 결정 사항들은 알맞은 형식을 갖추어 정확하게 기록해야 합니다. 그렇다면 기본적인 회의록 작성법에 대해 살펴보겠습니다.

1 회의 참석자 모두를 기록할 것

앞서 언급했듯이 회의는 후에 생길지도 모르는 논쟁 과정에서 이를 명확하게 판가름해줄 중요한 증거 자료가 됩니다. 그래서 회의에 참석했던 사람들을 모두 기재하는 것이 필요합니다. 누구의 발언이 맞는지, 어떤 발언에 누가 동의를 했는지 등을 살펴볼 수 있도록 하는 것이죠. 하지만 회의 참석자는 회의록을 작성하는 사람이 그 자리에 있기 때문에 자신의 발언이 나중에 오해를 불러일으킬 수 있다면 이를 삭제하고 정정을 요청할 수 있습니다.

2 회의록은 회의 시간에 완성할 것

회의록은 회의 시간 내에 마무리하는 것이 가장 중요합니다. 기억에 의존에 최소한의 내용만 메모해 이를 기반으로 회의록을 작성하는 것은 매우 위험합니다. 인간의 기억은 자신이 기억하기 편리한 대로 편집하기도 하고, 주관적으로 해석할 수 있습니다. 이럴 경우 회의록은 객관성을 잃어버린 자료이기 때문에 회의록을 작성해야 하는 이유가 없어지는 것이죠. 이런 점에서 회의록은 회의록 내에 작성을 마치고 정리시간을 최소화해야 합니다.

3 회의 결정사항을 명확히 작성할 것

회의록을 간단명료하게 작성하는 것도 중요하지만, 무엇보다 가장 중요한 것은 회의 내 결정 사항을 반드시 기록해야 한다는 것입니다. 심지어 회의 결과를 도출하는 과정에서 팀원이나 팀 간 갈등이 일어났던 것조차도 명확하게 기록해야 합니다.

4 회의록은 업무별로 관리할 것

회의에서 나온 업무 진행 내용을 회의록을 통해 확인할 수 있습니다. 업무별로 회의 진행 내용을 제대로 기록하고 모아 놓으면 회의를 더욱 생산적으로 만들 수 있습니다. 언제 어떤 회의에서 어떤 내용이 나왔고, 어떤 결론이 도출됐으며, 자신이 속한 해당 부서에서 어떤 일을 담당해야 하는지 명확하게 알 수 있죠. 이를 통해 프로젝트 진행 과정을 살펴볼 수 있을 뿐 아니라, 하나의 프로젝트가 완성될 때까지 그 과정을 모두 확인할 수 있다는 점에서 생산성을 더 높일 수 있습니다.

회의 내용 정리에 반드시 포함해야 할 사항 (육하원칙)	
언제	시작 시각 – 끝 시각
어디서	장소
누가	회의 참석자
왜	회의 목적, 배경
무엇을	논의 주제 및 내용
어떻게	회의 결정 사항들

/   잘나가는 직장인의 커뮤니케이션은 다르다

승진을 부르는 회의 스피치 기술은 다르다

1 생산적 회의를 위한 준비사항 3가지

- 회의 종류를 확인하라.
  예) 의사 결정이 필요한 회의 vs. 정보공유를 위한 회의
- 회의진행자와 의사 결정자를 확인하라.
- 의사 결정 시한과 의사 결정 방법을 확인하라.

2 회의 중 필요한 스피치 기술

- 회의 결과 발표 스피치는 서론 - 본론 - 결론의 구조에 맞춰라.
- 의견을 말할 때는 두괄식으로 하라.
- 간결한 문장으로 말하라.
- 추상적인 어휘사용은 지양하고 구체적인 말로 표현하라.
- 경청하라.

3 회의 중 반론에 대처하는 기술

- 반대를 표명한 상대에게 감사를 표하라. 감정적 대립을 예방할 수 있다.
- 반대 의견에 모호한 부분이 있다면 구체적인 질문으로 명확히 짚어라.
- 만약 부서별 상반된 견해가 있다면 부서별 목표나 추구하는 방향이
  다르다는 점을 인정하고 경청하라.
- 상대의 의견을 존중하는 차분함을 잃지 마라.

4 칭찬받는 회의록 작성의 기술

- 누구나 쉽고 빠르게 이해할 수 있도록 써라.
- 육하원칙이 반영된 회의내용이 완벽히 기록되어야 한다.
- 간단명료하게 작성하며 A4용지 2매 이내가 적당하다.

BLOCKING(블로킹)기법 @

나와 다른 의견이 나왔을 때 정면으로 맞서지 않고 충돌을 피해 자연스럽게 나의 의견을 다시 어필할 수 있다.

1. 저도 그러한 시각에는 동의합니다. 하지만….
2. 충분히 이해합니다. 그래서 저희는….
3. 재미있는 시각이시군요. 저는 이렇게 생각합니다.
4. 그렇게 보실 수도 있겠군요.
5. 어느 것이 옳다 그르다 하기 전에….
6. 지금 지적하신 사항에 대해 좀 더 시간을 가지고 연구를 해 보겠습니다.

SOUND BITE(사운드 바이트)기법 @

핵심메시지를 적절한 길이로 잘 압축해서 만든 알짜 답변. 시간은 약 10초가량으로 두 문장이 적합하다.

- 나의 의견, 이것만은 꼭 전하겠다! 라는 핵심메시지를 확실하게 전달하기 위해 적절히 활용하면 매우 효과적이다.
- 회의 시 진행자(보고 수령자)가 의견을 묻고 발언 유도 → 한 번에 잘 안 되면 3~4 Turn반복
- 서로 발언하고 듣는 과정에서 아이디어 증폭 효과 → 의견의 완성도가 부족해도 절대 무안 주지 말 것!

대한민국 직장인 스피치 교과서

잘나가는 직장인의 커뮤니케이션은 다르다

04

박수 받는
프레젠테이션 기술은
다르다

사람들에게 연설할 때

그들이 듣고 싶어 하는 바를 생각하는 데 3분의 2의 시간을 사용하고,

내가 말하고 싶은 내용을 생각하는 데 3분의 1의 시간을 사용한다.

01

프레젠테이션의 대원칙

사람들에게 연설할 때

그들이 듣고 싶어 하는 바를 생각하는 데 3분의 2의 시간을 사용하고,

내가 말하고 싶은 내용을 생각하는 데 3분의 1의 시간을 사용한다.

이것은 에이브러햄 링컨(Abraham Lincoln)의 말입니다. 스피치를 할 때 일반적으로 통용되는 원칙인데, 특히 프레젠테이션을 할 때 지켜야 할 대원칙으로 여겨집니다. 링컨의 말을 지켜서 스피치를 한다면 청중을 설득하고 청중과 교감하는 데 더할 나위 없이 효과적이기 때문입니다.

프레젠테이션에 국한하지 않고 '스피치'라는 것으로 넓게 확장해 보겠습니다. 스피치를 하는 사람은 '소수나 다수의 청중'을 상대로 '특정한 목적'을 가지고 '공적인 장소'에서 '제한된 시간' 안에 특정 주제와 결부된 자신의 경험이나 연구, 아이디어 등의 '자신만의 메시지'를 전달하는 것입니다.

물론 여기에는 언어적 표현과 제스처, 표정, 몸짓 등과 같은 비언어적 표현을 함께 담아 청중에게 설명하거나 설득하는 과정도 포함되어 있습니다.

1 3P를 숙지하라

무엇보다 성공적인 프레젠테이션을 위해서는 '3P'를 숙지하고 있는 것이 중요합니다. 3P는 '목적(Purpose) + 청중(People) + 장소(Place)를 말합니다. 즉, 3P는 프레젠테이션의 목적을 철저히 분석하고, 청중(사람들)에 관한 기대사항을 분석하고, 프레젠테이션 장소에 관해 확인한다면 성공적인 프레젠테이션을 위한 기본기가 갖춰지는 것이죠.

2 시각적인 자료를 함께 제시하라

특히 '프레젠테이션'은 여러 가지 전달 매체를 이용해 제한된 시간에 자기 생각을 정확히 전달해 청중들로 하여금 판단과 의사 결정까지 유도하는 커뮤니케이션입니다. 그래서 프레젠테이션을 진행할 때는 단순히 말이나 텍스트로 된 문서만을 보여주는 것 보다는 시각적인 자료를 함께 제시하는 것이 훨씬 더 효과적일 수 있습니다.

3 발표자의 역량을 키워라

프레젠테이션은 발표자의 역량도 매우 중요한 요소로 작용합니다. 자신의 발표 스타일이 논리적인지, 열정적인지, 차분한지, 질문을 유도하는지 등 자신의 스타일을 살펴보고 프레젠테이션의 전체적인 내용 구성과 전달 방법을 준비하는 것이 필요합니다. 발표자가 자신의 스타일에 대한 이해도가 높고, 장점이나 단점에 대한 분석을 완벽히 숙지하고 있다면 발표 효과를 극대화할 수 있는 자신만의 전략도 수립할 수 있기 때문입니다.

프레젠테이션의 목적

───────── 본격적인 프레젠테이션 스킬을 알아보기 전에 프레젠테이션의 기본 목적은 무엇일까요? 우선 프레젠테이션의 목적을 두 가지 경우로 살펴볼 수 있습니다. 바로 '대외적인 프레젠테이션'과 '대내적인 프레젠테이션'입니다.

대외적인 프레젠테이션

대외적인 프레젠테이션의 경우, 회사를 대표해서 발표할 때에 자신의 회사 상품에 대한 장점을 효과적으로 전달해 상품 가치에 대한 인식을 극대화하고 궁극적으로 제품을 판매하거나 프로젝트 수주, 기업 홍보  등의 프레젠테이션 목적을 달성하는 것입니다. 여기서 중요한 점은 발표자 자신이 회사의 대표로 나온 만큼 자신의 발표 스타일의 장점을 극대화해서 최대의 결과를 얻는 것이 중요합니다.

대내적인 프레젠테이션

대내적인 프레젠테이션의 경우, 청중의 범위가 대외적인 것에 비해 적을 수 있습니다. 일반적으로 내부에서 프레젠테이션을 진행하는 경우 상사나 동료들에게 발표하는 경우가 대다수이기 때문입니다. 이 경우에는 상사나 동료에게 어떠한 사실이나 사건, 의견 등을 정확하게 전달하고 대안을 제시함으로써 정보를 공유하거나 정확한 의사 결정을 내릴 수 있게 하는 것이 좋습니다. 즉, 프레젠테이션을 통해 공통으로 추구하는 목표를 달성하기 위해 사실 그대로를 정확하고 효율적으로 전달하는 것이 필요합니다.

그렇다면 여기서 생기는 의문이 있습니다. 굳이 프레젠테이션 발표라는 방법이 아니어도 위와 같은 상황에서 전달할 방법이 많은데, 왜 프레젠테이션을 해야만 하는 걸까요?

사실 프레젠테이션은 '설득'이라는 목표를 가지고 있는 커뮤니케이션 스킬 가운데 한 가지입니다. 그래서 프레젠테이션을 듣고 보는 청중을 설득하는 것이 관건이죠. 청중을 고객이라고 가정해보면 답은 좀 더 쉽게 얻을 수 있습니다. 사실 고객 입장에서는 자신이 원하는 대답을 듣기 위해 프레젠테이션을 들으러 왔습니다. 고객은 자신이 가진 문제 해결에 대한 정보를 수집하거나 문제 해결에 대한 솔루션을 찾는 과정에서, 더욱 확실히 그 방법을 확인하기 위해 프레젠테이션을 요구하는 것이죠.

고객이 원하는 것을 회사에서 제공할 수 있고, 이것이 매출과 직결된다면 회사 차원에서는 조직의 능력을 고객에게 단순히 나열해 성의 없이 표현하기보다는 고객의 문제 해결 관점에서 정리하고 논리적으로 제시하는 방법의 하나로 프레젠테이션을 선택하게 되는 것입니다. 즉, 고객과 메시지를 주고받는 과정의 성공적인 프레젠테이션은 일거양득의 효과를 거둘 수 있는 커뮤니케이션 방식입니다.

그뿐만 아니라 발표자에게는 자신이 가진 업무에 대해 능력을 검증할 수 있고, 경력을 개발하는 등 자신의 커리어(Career)에도 좋은 기회가 될 수 있습니다. 물론 고객 또한 문제의 해결, 발전을 위한 정보 수집, 파트너십(Partnership) 형성 등의 효과를 기대할 수 있죠.

다만 업무를 추진하는 과정에서 프레젠테이션은 영업의 초기, 중간, 그리고 마지막 단계에서 요구될 수 있는데, 각 단계에 목적에 맞는 프레젠테이션이 선행되어야 합니다. 예를 들어, 업무 추진과정에서 요구되는 프레젠테이션은 회사의 기술적, 인적 능력을 통한 문제해결력을 어필할 수 있어 특히 중요하기도 합니다.

프레젠테이션에 실패하는 이유

———————————— 위와 같은 내용을 모두 숙지하고 있음에도 불구하고 프레젠테이션 발표에 실패하는 경우가 있습니다. 그 원인은 바로 '3P', 즉 청중(People), 장소(Place), 목적(Purpose)을 신경 쓰지 않아 실패한 것이죠. 이 3P에도 다양한 요소가 있는데, 이 모든 요소를 충족시켜주지 못했

기 때문에 프레젠테이션에서 실패한 것이라 볼 수 있습니다.

청중의 속성에는 '나이, 지역, 성별, 직종, 인원수 등'이 포함되어 있습니다. 목적에는 동기부여, 제안, 설명, 오락 등이 있고, 장소는 청중 규모, 좌석 배치, 주변 환경, 발표 시간 등에 따라 나눌 수 있습니다.

그런데 여기서 발표의 목적이 없다는 것은 발표의 목표와 목차가 뚜렷하게 청중에게 전달되지 않았다는 것을 의미합니다. 주제와 관련된 문제점이나 해야 할 일, 발표하는 목적의 방향 등이 담겨있지 않기 때문이라는 것이죠. 또는, 발표자가 발표 장소에 맞게 충분한 연습을 하지 않아서 불안한 모습을 보였거나 내용을 정확히 숙지하지 않아 전달하는데 미숙했다면 그 해당 프레젠테이션 역시 실패한 것이라 봐도 무방합니다.

프레젠테이션 스피치 준비 단계

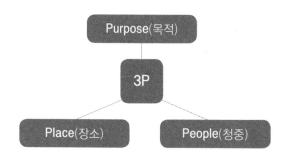

구조 파악하기

그렇다면 본격적으로 프레젠테이션 스피치 준비를 시작해보겠습니다.

가장 중요한 것은 '3P'를 확실하게 숙지하고 있는 것입니다. 고객이 원하는 메시지를 프레젠테이션에 녹이고, 발표자는 청중에 관한 올바른 이해를 바탕으로 명확한 메시지 전달을 하는 것이 바람직한 프레젠테이션의 기본이라 할 수 있습니다.

프레젠테이션의 내용 구조를 파악합니다. 사실 이 요소는 개인이 혼자 프레젠테이션을 이끌 때보다는 팀원이 함께 프레젠테이션할 때 유념하는 것이 좋습니다. 팀이 조를 구성해 발표할 경우에는 자료조사, 프레젠테이션 제작, 대본 제작, 발표 등 각자가 원하는 역할을 분담하는 경우가 많은데 일반적으로 발표를 맡은 사람은 발표 직전까지 프레젠테이션이 어떻게 구성되어 있는지 한 번도 확인하지 않은 경우가 많습니다. 이럴 경우 발표자는 효과적인 내용 전달과 메시지 구성을 진행할 수 없으며, 발표할 때에도 진행이 매끄럽지 못하여 어색하고 횡설수설하게 되는 경우가 많습니다. 그래서 이를 방지하기 위해서라도 프레젠테이션을 포함해 발표 내용의 전반적인 모든 내용을 구조화하고, 특히 발표자는 내용을 완벽히 숙지하는 것이 꼭 필요합니다. 여기에 더해 발표 주제와 관련된 문제와 관점, 반대 의견, 최근 사례나 정보 등을 발표 중간중간 청중들과 공유하여 매끄러운 진행을 하는 데 활용하는 것도 좋습니다.

청중의 관심 유도하기

발표 전 미리 관중들의 수준을 파악하는 것이 좋습니다. 여기서 말하는 관중들의 수준은 나이, 성별, 학력 등의 다양한 요소가 포함됩니다. 최신 스마트 폰에 대한 프레젠테이션 스피치를 진행한다고 가정해보겠습니다. 이럴 경우 '노인'을 대상으로 설명하는 방식과 '십대'를 대상으로 발표를 진행하는 것은 확연히 다를 수 있습니다. 각 세대의 최신 트렌드에 맞게 단어를 선택하거나 그들이 진정으로 알고 싶어 하는 스마트폰의 기능에 초점을 맞추는 것도 중요합니다.

발표 전에 청중들의 관심을 끄는 것도 준비 단계에서 해야 할 중요한 임무입니다. 아무리 좋은 내용으로 프레젠테이션을 진행한다고 할지라도 청중들의 호기심을 자극하지 못한다면, 그 발표는 실패한 것과 다름없습니다. 목적이 있는 발표인 만큼 청중들의 관심을 끌어내는 것은 성공적인 발표를 위해서 매우 중요합니다. 가벼운 농담을 던진다든가, 발표 내용과 관련이 있는 자신만의 재미난 에피소드를 전달하거나 발표 내용과 관련해 청중의 답변을 끌어낼 수 있는 질문을 던지는 기법 등은 널리 사용되고 있는 방법의 하나입니다.

미리 발표 장소를 확인하고 리허설을 하는 것도 좋습니다. 일부 어떤 발표자 중에서는 익숙한 공간이 아니면 발표하기를 두려워하는 사람이 있습니다. 예를 들어, 익숙하게 늘 해오던 발표 장소가 아니면 더욱 긴장해서 내용을 다 잊어버린다든가 청중과 교감하기 위해서는 아이 콘택트를 해야 하는데 이를 못하게 될 경우도 있을 수 있습니다. 이럴 경우 어떻게 해야 할까요? 물론 '백문이 불여일견', 미리 발표 장소를 확인하고 직접 가서 리허설을 하는 것만큼 좋은 방법은 없습니다. 발표를 앞두고 청중의 숫자를 가늠해 그들이 진짜 내 눈앞에 있다고 시뮬레이션을 하는 것이죠. 수없이 반복해서 연습해야 진짜 실제로 프레젠테이션을 할 때 긴장감을 완화할 수 있습니다.

실전처럼 리허설하기

본격적인 프레젠테이션 스피치를 시작하기 10분 전에 해당 발표 장소에 도착해 미리 리허설을 하는 것도 좋은 방법입니다. 발표 10분 전에 미리 발표 장소에 도착해 주변 환경을 파악하거나 발표 환경을 파악하는 것도 좋습니다. 모니터는 어디에 있는지, 관객과의 거리는 어느 정도나 되는지, 준비한 프레젠테이션은 자연스럽게 넘길 수 있는 레이저포인터는 갖춰졌는지 등을 살펴보고 이에 맞는 발표를 준비하는 것이 필요합니다.

만약 리허설을 할 때 발표 내용을 자꾸 잊어버린다면 어떻게 해야 할까요? 우선 완벽한 문장을 구사하려고 하기보다는 '주제' 위주의 덩어리로 기억하는 것이 좋습니다. 조사 하나하나 동사 하나하나에 신경 쓰다 보면 실질적으로 자신이 정말 전달해야 하는 내용이 무엇인지 오히려 더 헷갈릴 수 있습니다. 프레젠테이션 원고를 무턱대고 통째로 외우기보다는 핵심 키워드나 덩어리로 엮은 주제 위주로 외우고 발표 리허설을 하는 것이 좋습니다. 핵심키워드만 알고 있어도 실제 발표에서 내용을 잊어버렸을 경우 쉽게 문장을 만들어낼 수 있죠.

리허설을 할 때는 대본을 보고 연습하기보다는 프레젠테이션 슬라이드를 보고 연습하는 것이 좋습니다. 발표 장소에서 하는 최종 리허설은 실전처럼 해야 합니다. 원고를 보고 발표 연습을 하는 것은 이미 끝난 상황이어야 하는 것이죠. 최종 리허설에서는 실전과 같이 프레젠테이션 슬라이드를 보면서 진행하는 것이 필요합니다. 물론 내용이 기억나지 않으면 원고를 봐야겠지만, 웬만해선 보지 않는 깃이 좋습니다. 또한, 주어진 발표시간이 10분이라면 10분에 딱 맞춘 발표를 준비하는 것이 좋습니다.

발표 시간 역시 청중과의 약속이기 때문에 약속을 어기는 것은 커다란 마이너스 요인이 될 수 있습니다. 특히 대본을 보고 10분을 맞추는 것과 원고를 보지 않고 암기해서 발표하는 것은 시간 차이가 있을 수 있으니 미리 연습하는 것이 중요합니다.

발표 내용의 구성

프레젠테이션 스피치 내용의 구성

프레젠테이션 내용 구성의 기본 원칙은 다음과 같습니다.

❶ 청중의 입장에서 생각할 것　❷ 이해하기 쉽게 내용을 풀어서 쓸 것
❸ 단순 명료하게 작성할 것　❹ 논리적으로 메시지를 전달할 것

앞서 말했듯이 프레젠테이션은 결국 청중을 설득하는 과정이기 때문에 결국 '내용을 얼마나 잘 전달하느냐'에 프레젠테이션의 성패가 달려 있죠. 전달력이 높은 메시지는 핵심적인 내용과 좋은 표현을 갖추고 있고, 적절한 시각적 방법으로 전달되는 메시지를 말합니다.

특히 인간은 정보를 인식하는 데 있어 스스로 인식과 기억을 쉽게 하려고 적합한 형태로 내용을 재구성하는데요. 그래서 이를 반영해 프레젠테이션 내용을 구성할 때도 '키워드'를 중심으로 발표 내용을 구성한다면 더욱 효과적으로 청중을 설득할 수 있습니다. 메시지를 전달하는 자료들 역시 논리적으로 배열하는 것이 좋죠. 내용 구성이 목적을 달성하는 데 중요하다면, 그 중요도에 따라 내용의 우선순위를 정해 높은 것부터 앞쪽에 구

성하는 것이 좋고, 중요도가 낮은 자료라면 첨부 자료를 더하거나 삭제를 해도 무방합니다.

프레젠테이션의 전달력과 설득력을 높이기 위해 역사적 인물이나 학자 등의 명언을 이용하거나 예시, 예화를 쓰는 것도 하나의 방법이 될 수 있습니다. 전달하려는 메시지 역시 '장문'보다는 '단문'으로 쓰는 것이 좋으며, 불필요한 형용사나 미사여구 사용을 지양하는 것이 좋죠.

성공적인 프레젠테이션의 기술적 구성

프레젠테이션을 발표할 때 슬라이드의 기술적인 구성도 중요한 평가 요인이 됩니다. 그래서 발표자의 메시지만큼이나 눈에 확 띄는 슬라이드 디자인이나 구조도 중요한 것이죠. 그렇다면 이번 장에서는 어떻게 슬라이드를 디자인하고 배치해야 청중을 사로잡을 수 있는지 한 번 알아보겠습니다.

❶ 사람의 눈은 구조상 가로로 나란히 있고, 시선의 움직임은 상하 움직임보다는 좌우의 움직임이 편안합니다. 그래서 시각의 폭 역시 세로 보다는 가로가 더 큰 것이죠. 이에 따라 슬라이드의 레이아웃 역시 가로 형태로 구성하는 게 좋습니다. 세로 보다는 가로가 안정감 있고 읽기도 편안합니다.

❷ 시선의 동선 역시 왼쪽에서 오른쪽으로 위에서 아래로, 원은 시계방향으로 구성합니다.

❸ 내용의 위치 역시 왼쪽 위에 중요한 내용을 넣는 것이 좋습니다.

❹ 색상을 사용할 때는 3색이 적당하고, 4색 이상을 넘지 않도록 합니다. 현란한 색을 사용하면, 강조 효과를 약하게 하고 시각적 피로감을 줄

수 있습니다. 반면 지나친 순색을 사용하면 시각적 혼란을 일으킬 수 있으니 주의해야 합니다.

❺ 텍스트 디자인 역시 중요한 요소입니다. 프레젠테이션 슬라이드의 첫 번째 조건은 얼마나 잘 읽히고 얼마나 눈에 잘 띄는가 입니다. 바로 이것을 결정하는 것이 바로 글꼴입니다. 글자 크기에서 제목은 36~44포인트가 적당하고, 본문은 20~36포인트가 좋습니다. 텍스트 분량이나 청중 수, 발표 장소의 규모를 고려해 글자 크기를 조정합니다. 단지 16포인트 이하로는 글자 크기를 지정하지 않는 것이 중요합니다.

만약 프레젠테이션 슬라이드의 배경색이 검은색이나 파란색 등과 같이 어두운색이라면 글자색은 밝은색을 선택하는 것이 좋습니다. 반대로 배경색이 흰색과 같이 밝은색이라면 글자색은 검은색 등의 진한 색으로 하는 것이 가독성을 높일 수 있습니다. 어두운 배경에 밝은 글꼴을 쓰는 이유는 집중이 잘되고 장시간 보아도 피로감이 덜할 수 있습니다. 자칫 분위기가 처지거나 단조롭고 지루해질 수 있습니다.

텍스트 슬라이드에서는 전달력을 높이기 위해 서술형 어미를 생략하고, 조사 역시 생략해야 합니다. 쉼표, 마침표, 따옴표와 같은 문장 부호도 생략하는 것이 좋습니다. 자료 형태 역시 우선순위에 따라 제시 형태를 결정하는 것이 좋죠. 주요 내용은 시각 자료를 통해 작성하거나 보조 내용은 구두 설명 혹은 첨부 자료를 통해 마무리하며, 필요성이 큰 것이라도 청중이 이미 알고 있는 것은 간략화하거나 첨부 자료화하는 것이 좋습니다. 같은 내용을 반복적으로 말하거나 작성하면 발표 분위기를 지루하게 만들 수 있고, 정작 꼭 전달되어야 하는 내용이 잘 전달되지 않을 수 있습니다.

효과적인 발표를 위해 시각 자료도 많이 사용되는데요. 청중의 이해를 돕고 발표자에게 자신감을 심어주기 때문에 시각 자료는 청중과 발표자 모두에게 좋은 기법입니다. 그러나 발표 내용과 목적에 맞는 설득력 있는 시각 자료를 제시하는 것이 중요합니다. 시각 자료는 텍스트보다 눈에 확 띄기 때문에 청중의 집중과 기억력을 강화할 수 있어 그 사용에서도 주의를 필요로 합니다.

이런 점에서 시각 자료를 만들 때 너무 화려하거나 색을 많이 사용하면 오히려 고객의 집중을 떨어지게 하니 주의해야 합니다. 될 수 있으면 한 쪽에는 3~4가지 색을 사용하는 것이 좋으며, 배경과 글씨의 색을 조화시켜서 고객들이 쉽고 편하게 보도록 해야 합니다.

발표 시

오프닝

본격적인 프레젠테이션을 할 때 가장 중요한 부분은 바로 '오프닝'입니다. 발표의 첫인상을 결정하는 만큼 그 내용이나 전달, 제스처 역시 모두 중요합니다. 특히 오프닝에서 절대 간과하면 안 되는 요소는 바로 '청중에 대한 인사와 감사, 프레젠테이션의 주제 설명, 발표 소요시간, 전체 개요, 배포자료 안내와 수령 여부, 종료 후 스케줄' 등을 꼽을 수 있습니다.

마무리

준비한 내용으로 본론 발표를 마무리하고 나면, 가장 중요한 결론의 단계로 넘어갑니다. 마무리 단계에서는 지금까지의 발표 내용을 다시 한 번 정리하고, 결론을 강조하는 것이 필요합니다. 본론을 설명하느라 시간이 부족해서 급하게 결론을 내릴 수도 있고, 너무 일찍 마무리해버려서 발표 시간이 남는다면 발표를 열심히 준비하지 않았다는 인상을 줄 수 있죠. 따라서 여유를 갖고 메시지를 강조하면서 설득력 있는 결론을 내려야 합니다.

무엇보다 부정적인 어조로 발표를 마무리하지 않고 강한 메시지로 전달력 있게 청중을 압도하는 것이 중요합니다. 이를 위해서는 메시지 자체도 청중이 기대하는 핵심 내용과 결론을 전달하는 것이 좋습니다. 프레젠테이션의 전체 시간이 얼마나 되든 주어진 시간의 10~15%의 시간은 결론을 맺기 위한 시간으로 계획해야 합니다. 결론을 맺을 때는 존재하지 않는 결론, 무기력한 결론, 성급하거나 서두르는 결론 등은 좋지 않습니다.

효과적인 결론을 맺는 5원칙은 다음과 같습니다.

❶ 반복 ▶ ❷ 권고 ▶ ❸ 이유 ▶ ❹ 강조 ▶ ❺ 구체적인 행동 요청

이 5단계의 원칙을 숙지하고, 발표를 차분히 마무리하는 것이 좋습니다. 또한, 질의응답을 통해 청중의 부정적 이미지 해소, 긍정적 이미지 강화, 발표자의 추가적 내용 전달을 한 후 결언을 하면서 발표를 마무리하는 것이 좋습니다. 질의응답 역시 고객의 질문을 두려워하지 말고, 오히려 고객의 문제를 이해하는 기회로 생각하는 것이 중요합니다. 때로는 질문을 고객에게 던지는 여유도 필요합니다. 만약 청중으로부터 까다로운 질문이 나왔다면, 청중의 발언을 반복하며 자신이 이해한 질문이 청중의 의도와 맞는지를 확인해야 합니다. 혹은 고의적인 질문으로 발표를 방해하는 경

우 질문에 휩쓸려 들지 말아야 합니다.

만약 예상치 못한 질문이 나왔다면, 이를 위한 답변 틀을 준비하는 것도 필요합니다. 사실 아무리 발표자가 질의응답을 준비한다고 하더라도 예상하지 못한 질문이 들어올 수 있습니다. 이때를 대비해 답변을 준비하는 것이 좋습니다. 답변의 시작은 "정말 좋은 질문입니다."라고 첫 마디를 시작한 뒤 자신이 아는 부분까지 설명한 후 나머지 부분은 확실하게 파악하지 못했다고 솔직하게 답변하고, 발표 후에 확인해서 따로 알려드리겠다고 말을 하는 것이죠.

추가적으로 준비한 유인물이 있다면, 발표가 끝난 후 배분하는 것이 좋습니다. 유인물을 미리 나눠줄 경우, 청중의 관심이 발표보다는 유인물 내용으로 분산될 수도 있기 때문에 발표가 끝난 후 유인물을 배부한다면 계속해서 청중들의 관심을 놓치지 않을 수 있기 때문입니다.

[효과적인 결론 전달 스피치]

"10초가량, 2문장 정도"

핵심 메시지를 적절한 길이로
잘 압축해서 만든 알짜 답볍

02

"마음을 움직이는 스토리텔링과 프레젠테이션"

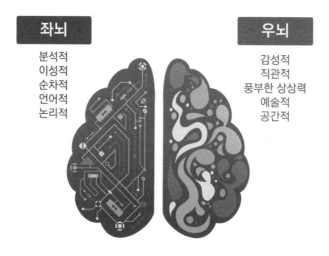

좌뇌

분석적
이성적
순차적
언어적
논리적

우뇌

감성적
직관적
풍부한 상상력
예술적
공간적

스토리텔링 방식으로 발표 스피치 구성하기

스토리텔링이란 '이야기'입니다. 단순한 이야기가 아니라 뭔가를 전달하고자 하는 목적을 갖고 사람들에게 깊은 인상을 심어주기 위해 만들어진 이야기이죠. 발표하는데 스토리텔링 기법을 사용할 때는 기획 단계에서부터 전체 내용에 적용하는 것이 좋습니다. 특히 발표 내용과 스토리를 엮어 메시지를 설계하는 것은 청중들에게 전달력을 높일 수 있을 뿐만 아니라 그 내용을 기억하는 데도 도움을 줄 수 있습니다.

인용과 비유

발표 단계에서 스토리텔링을 적용하는 때는 인용과 비유를 활용하는 것이 좋습니다. 교과서적 논리보다는 사례를 통해 이렇게 될 것이라고 그 과정을 눈에 보이듯 설명하는 것이 핵심입니다. 구체적으로 인용할 때는 유명한 사람의 말이나 글을 빌려 쓰는 것이 좋습니다.

공통점과 차이점을 들어 강조하는 비교의 기법도 유용합니다. 둘 또는 그 이상의 사물이나 현상을 견주어 서로 간의 유사점과 공통점, 차이점 따위를 밝히는 것이죠. 비교를 통해 전달한다면 청중이 이해하기 어려운 내용을 보다 쉽게, 보다 직관적으로 알 수 있도록 도울 수 있습니다.

그런데 만약 인용이나 비교, 명언 사용 등을 응용하기 쉽지 않거나 자신만의 스토리로 발표를 전개하고 싶은데 그마저도 찾는 것이 어렵다면 어떻게 해야 할까요? 그때에는 인생을 살면서 누구나 한두 가지 정도는 가지고 있는 '자기 인생의 에피소드'를 활용할 수 있습니다.

에피소드 활용

물론 에피소드의 내용이 풍성해 정보도 많고 흥미를 유발할 수 있는 등 긍정적인 요소가 많다면 좋겠지만 그렇지 않다면 역효과가 날 수 있다는 점은 주의해야겠죠. 따라서 발표에서는 청중의 인원수, 성별, 청중의 관심사에 따라 에피소드를 잘 취사선택해야 합니다. 스피치를 듣는 사람이 일대 다수이기 때문에 누군가의 귀에 거슬리는 내용은 가급적 피해야 하죠.

확실히 알고 있어야 하는 점은, 많은 사람이 발표자 자신이 직접 경험한 에피소드에 대해서 큰 흥미를 가진다는 점입니다. 자신이 무언가 도전을 해서 성취했던 이야기나 피나게 노력했던 에피소드 등은 실감이 날 뿐 아니라 진정성이 담겨 있기 때문에 많은 이들이 반응합니다. 또한, 이러한 에피소드를 잘 활용하게 되면 발표 내용의 진정성도 전달할 수 있습니다. 반드시 드라마에 나오는 것처럼 극적인 에피소드는 아니어도 좋습니다. 자신이 살아오면서 이겨낸 극복한 자신만의 성공담을 발표 내용에 담아 진솔하게 표현한다면 청중의 감성을 자극하고, 이를 통해 청중을 사로잡는 데도 성공할 수 있을 것입니다.

다만 어려움을 극복했던 말을 할 때 너무 우울하고 슬프게 말하면 안 된다는 것을 명심해야 합니다. 너무 경박스럽게 웃으며 발언할 필요도 없지만, 가끔 미소를 보이면서 발표한다면, 발표자에 대한 신뢰도를 더욱 높일 수 있습니다.

사실 프레젠테이션에서 '스토리텔링' 기법을 사용하는 이유는 바로 청중을 '설득'하기 위해서입니다. 프레젠테이션의 본질은 청중을 발표자가 의도하는 데로 설득하는 데 있는 것이죠. 그래서 성공적인 발표를 위해서는 어떤 방식으로 스토리를 구성하느냐가 가장 중요합니다. 흔히 사람들은 설득을 위한 방법으로 논리적 접근을 하면 효과가 있을 것으로 생각하지만, 프레젠테이션을 기획할 때는 이성적인 것 보다는 감성적인 접근이 더 탁월한 효과가 있습니다. 물론 정확한 정보 전달을 할 경우나 논리적으로 설명이 필요한 경우에는 이성적인 접근도 무엇보다 중요합니다.

이성적 접근은 정확한 수치, 논리적 근거에 의한 표현을 사용하는 것이고, 감성적 접근은 청중의 감정에 호소하는 표현 방법입니다. 혼합적 접근

/ 잘나가는 직장인의 커뮤니케이션은 다르다

은 이성적, 감성적 접근을 동시에 병행하는 표현 방법을 말합니다. 일반적으로 프레젠테이션의 서론이나 결론에서는 감성적 접근을, 본론에서는 정확한 데이터를 활용해 논리성을 더하는 것입니다.

그러나 무엇보다 중요한 것은 청중이 듣고 싶은 스토리텔링을 해야 설득할 수 있다는 것입니다. 스토리텔링은 문서의 내용을 매끄럽고 논리적으로 전개하는 한편 청중의 이해도를 높이고 집중시키는 장점이 있습니다. 익숙하거나 관심 가는 이야기 소재를 주제와 연결해 이야기하듯 스피치하면서 설득력을 더하는 것이죠.

마음을 움직이는 스토리의 힘

평창올림픽 개최를 위해 우리나라에서 준비했던 프레젠테이션을 예로 들어 살펴보겠습니다. 당시 두 번의 유치 실패로 우리나라 입장에서는 평창올림픽 유치가 그만큼 절실했습니다. 그래서 청중을 설득하기 위해 프레젠테이션 기획 단계부터 많은 노력이 필요했죠. 특히 IOC에서 올림픽을 통해 새로운 하나의 문화를 만들어내는 것을 중시했다는 것을 파악하고, 우리나라는 평창올림픽을 통해 새로운 지평을 열겠다는 스토리를 만들어냈습니다.

평창올림픽의 성공적 개최를 위해 호텔, 경기장 준비 등 국가적으로 노력하고 있다는 모습과 함께 김연아 선수를 전면에 내세워 그녀의 스토리를 활용했습니다. 감성과 이성의 조화를 이룬 이야기를 통해 평창 조직위는 성공적인 프레젠테이션을 해낼 수 있었습니다.

분명 프레젠테이션의 목적에 따라 이성적인 접근이나 감성적 접근만 필요한 경우도 있습니다. 하지만 청중들의 마음을 움직이고 그들과 공감대를 형성하기 위해서는 이성적 접근뿐만 아니라 감성을 자극하는 것도 중요한 부분이라고 할 수 있습니다.

스토리텔링 기법을 활용한 스피치 프레임 구성하기

그렇다면 스토리텔링 기법은 어떻게 활용해야 할까요?

우선 스토리텔링이라는 기법을 보다 프레젠테이션에 적용하기 위해 우리가 보편적으로 잘 아는 이야기를 활용하는 것이 좋습니다. 예를 들어, 인기 있는 드라마의 대사를 활용하거나, 영화, 코미디 방송 내용을 활용하는 것도 방법입니다. 혹은 지인이나 발표자 개인이 겪은 경험이나 사례를 말하는 것부터 시작하는 것도 좋습니다. 여기서 중요한 것은 아무 내용이나 막 이야기하는 것이 아니라 자신이 발표할 내용과 잘 부합할 수 있고 보편적으로 알고 있는 내용을 중심으로 스토리텔링을 시작해야 한다는 것입니다.

구체적으로 정리해보겠습니다.

❶ 목적과 상황, 청중을 고려해 주제를 생각합니다. 이 단계에서는 주제를 선정하고 어떤 이야기를 중심으로 글을 전개할지 정합니다. 즉, 브레인스토밍을 하는 것입니다.

❷ 주제와 관련된 본격적인 '글감'을 수집하고, 소주제를 생각합니다. 이 단계에서는 메시지와 어울리는 스토리를 연상하는 것이죠.

❸ 앞서 글감을 정했다면, 본론의 세부 내용을 작성하고 결론 및 서론을 작성합니다.

❹ 전반적으로 일부 완성된 내용을 가지고 청중과 상황에 맞게 다시 재편집을 합니다.

❺ 수많은 연습과 표현 방법을 통해 스토리가 프레젠테이션 스피치에서 원활하게 완성될 수 있도록 마무리 합니다.

특히 스토리텔링을 다 완성하고 나면 이를 어떻게 스피치에서 구현해 내야 하는지 헷갈릴 수 있습니다. 우선 오프닝 단계에서 스토리의 가장 감성적인 부분을 먼저 시작합니다. 그래서 청중의 호기심을 유발하는 것이죠. 다음으로 본론에서 주된 메시지를 논리적인 설명과 구체적인 핵심 내용을 떠올릴 수 있는 장면예시를 활용하는 것이 좋습니다. 아울러 마지막에는 감성적인 접근이 좋습니다. 인상적인 대사나 스토리 전체를 통해 느낀점 등의 감성적인 멘트를 통해 청중과 공감하는 마무리를 하는 것이죠.

그런데 '정말 아무리 생각해도
청중을 어필할 만한 에피소드가 내 인생에는 없다'고
생각하는 분도 있을 것입니다.
그럴 땐 어떻게 해야 할까요?

우선 자신이 말하고자 하는 '핵심 내용'을 미리 노트에 적어보거나 브레인스토밍을 합니다. 전달하고 싶은 메시지와 관련된 내 경험을 나열하는 것이죠. 장황하게 문장으로 기록하기보다는 키워드를 중심으로 해당 메시지와 자신의 경험을 연결할 수 있도록 하는 것입니다.

청중에게 전달할 메시지를 정리했다면, 그 후엔 브레인스토밍한 자료들을 가지고 스토리를 어떻게 만들어낼지 고민하는 과정을 시작합니다. 주위를 둘러보거나 지인들에게 관련 경험을 물어보면서 글감 소재를 찾는 것이죠. 일련의 과정을 통해 하나의 스토리를 찾고 발표 내용이 어느 정도 완성이 됐다면, 그 내용을 주위 사람들에게 발표하고 피드백을 받는 것이 좋습니다. 지인이 아닌 청중의 관점에서 이해가 안 되는 부분이나 스토리가 이상한 부분에 대해 피드백을 받고 수정하는 작업을 수차례 거쳐야 합니다.

이후 마지막 단계에서 완성된 대본을 가지고 실전처럼 리허설을 합니다. 실제로 자신이 발표를 하고 있다고 생각하고 발표를 하다 보면 어디서 막히고 말을 하는데 어떤 문장이 어색한지 실제로 찾아낼 수 있습니다. 이런 부분을 발견하면, 다시 수정을 거듭하면서 하나의 완성된 발표문을 만들 수 있죠. 김연아처럼 드라마틱한 요소가 없거나 내 일상이 잔잔해서 발표 메시지를 스토리로 엮을 수 있는 소재가 없더라도 괜찮습니다. 단순히 자신의 삶 속에서 하나의 글감 소재를 찾고, 그걸 진솔하게 풀어서 발표에 사용한다면 그것 역시 좋은 스토리텔링이 될 수 있습니다.

스토리텔링 기법 활용 시 주의점

그런데 여기서 주의사항이 있습니다. 무조건 스토리텔링을 하는 것만을 우선으로 생각하다가 실수를 범할 수 있다는 것이죠. 발표를 너무나 잘하고 싶은 마음에 저자의 허락도 없이 다른 사람의 콘텐츠를 자신의 것처럼 사용해서는 안 됩니다. 사진이나 영상을 활용할 때도 원작자의 허락을 받은 후 사용해야 합니다. 특히 엄연히 유료화되어 있는 콘텐츠를 자신이 불법적으로 다운을 받거나 허가 없이 사용한다면, 법의 위배가 되므로 사용 범위와 출처를 반드시 명기하는 것이 좋습니다.

또한, 청중의 감성적인 접근을 위해 스토리텔링 기법을 사용할 때 무조건 웃기고 재밌거나, 혹은 감동을 주어야 한다는 강박관념에서 벗어나야 합니다. 스토리텔링을 사용하는 주된 목적은 감동을 주기 위해서가 아닙니다. 일반적인 단순한 일상의 한 단면도 좋은 스토리텔링의 소재가 될 수 있습니다. 자신의 발표 메시지와 딱 떨어지는 진솔한 이야기라면, 굳이 극적인 이야기가 아니어도, 재미있거나 웃긴 이야기가 아니어도 괜찮습니다. 자신이 만들어낸 스토리 그 자체가 중요한 것이고, 그게 본질이지 청중에게 재미를 주기 위해 발표를 하는 게 아닌 만큼 이에 대한 강박관념을 벗는 것도 중요합니다.

03
청중을 설득하는 기획형 프레젠테이션

기획형 프레젠테이션의 전략

──────────── 기획형 프레젠테이션의 핵심은 '논리'입니다. 자신의 아이템을 어필하기 위한 프레젠테이션인 만큼, 그 논리 구조가 얼마나 잘 정립되어 있느냐에 따라 발표의 성공 여부가 달려 있습니다. 그런데 발표에서 논리를 만들기 어려워하는 경우가 있습니다. 그런데 논리는 그렇게 어려운 것이 아닙니다. '서론 - 본론 - 결론'으로 모든 메시지를 구성한다면 발표를 논리적으로 구성할 수 있습니다.

이 방법은 기획형 프레젠테이션을 하는 데 있어 좋은 점이 많습니다.

우선 '시간'을 적절히 잘 배분할 수 있습니다. 서론을 장황하게 시작해서 서론과 본론에 프레젠테이션 내용의 상당 부분을 할애해 마무리를 짓지 못하고 끝내게 되는 경우를 많이 보았을 것입니다. 그런데 이렇게 3단 구성을 하게 되면 서론 - 본론 - 결론에 따른 시간 배분을 적절히 할 수 있게 되고, 발표 내용 역시 짜임새 있고 완성도 있게 마무리 지을 수 있습니다.

다음으로 서론에서 사람들의 흥미를 유발할 수 있습니다. 서론의 핵심적인 역할은 청중의 관심을 끄는 것입니다. 서론에서 청중의 흥미를 유발해야 본론부터 결론까지 완벽하게 청중을 사로잡을 수 있죠. 본론에서는 전달하고자 하는 '핵심 메시지'를 제대로 잘 말해야 하는데, 두서없이 발표하다 보면 자신이 무슨 말을 하고 싶은 건지 잘 알 수도 없고, 중언부언하게 됩니다. 그런데 3단계로 내용을 구성하다 보면 적재적소에 어떤 말을 해야 할지, 내용을 어떻게 구성하는 것이 좋을지에 관해 알 수 있어서 그 내용 구성 역시 짜임새 있고 탄탄하게 구조화된다고 볼 수 있습니다.

아울러 3단 구성은 발표 내용을 구조화하기 때문에 발표자가 너무 긴장해서 내용을 잊어버릴지라도 다시 쉽게 상기시키고 시작할 수 있습니다. '서론 - 본론 - 결론'이라는 큰 줄기를 핵심으로 발표를 진행하기 때문에 언제 어디서 무슨 말을 하는 게 좋을지 이미 숙지하고 있는 것이죠. 그래서 긴장을 하거나 청중들로부터 갑작스럽게 질문을 받아 발표자가 앞으로 말해야 할 부분을 잊었더라도 발표하던 지점을 찾아 돌아와 자연스럽고 매끄럽게 다시 발표를 시작할 수 있습니다.

그러나 너무 많은 정보를 제공하거나 스토리를 과하게 많이 삽입하는 것은 좋지 않습니다. 하나의 이야기를 제대로 깊이 다루는 것이 발표자에게도 청중에게도 좋습니다. 특히 기획형 프레젠테이션의 경우 청중들을 '설득'하고 자신의 아이디어나 기획안을 어필해야 하는 만큼, 발표 내용의 논리 구조가 다른 어떤 프레젠테이션 스피치보다 탄탄해야 합니다. 이를 바탕으로 청중들이 잘 이해할 수 있도록 내용을 구성해야 하죠. 이런 점에서 본론에 담은 메시지는 '명확'해야 하므로 3단 구성 역시 여기서도 절대적으로 중요한 요소라고 할 수 있습니다.

프레젠테이션 내용 구성 방법

─────────────── 다음은 기획형 프레젠테이션뿐만 아니라 모든 프레젠테이션에서 자주 사용하는 기법입니다. 그 내용과 쓰임을 잘 숙지해두고, 메시지를 구성하는 데 활용하면 청중들의 이해도 높일 수 있고 그 내용도 훨씬 더 설득력 있게 만들 수 있습니다.

① 기술 : 있는 그대로 사실을 설명

② 묘사 : 대상의 겉모양이나 움직임 등을 주관적으로 표현하는 것

③ 분석 : 외형적인 현상보다는 현상의 원인과 결과, 현상이 일어나게 된 배경 혹은 본질적인 속성 등을 구체적으로 밝히는 것

④ 정의 : 주어진 개념이 무엇을 의미하는지 밝히고자 할 때 사용하는 기법

⑤ 예시 : 어떤 개념이나 사물에 대한 이해를 돕기 위해 영상이나 그림 등 다양한 예시를 통해 표현하는 것

⑥ 비교와 대조 : 둘 이상 혹은 셋 이상의 대상을 두고 그들 사이의 유사점과 차이점을 비교해 설명하는 것을 말함

기획형 프레젠테이션의 내용 구성

———————— 기획형 프레젠테이션은 '설득'에 주된 방점이 찍혀 있습니다. 그래서 그 내용 역시 청중을 설득하고 이해를 돕는데 초점이 맞춰져 있는 것이죠. 그래서 메시지를 구성하는데도 꼭 빠지지 않고 넣어야 할 요소가 있습니다.

우선 가장 먼저 '증거 자료'를 활용하는 것입니다. 자신의 주장을 입증할 만한 사실이나 구체적인 예시 혹은 통계 자료 등을 청중에게 보여줌으로써 자신의 아이디어와 기획안이 얼마나 시의적절한 것인지 입증하는 것입니다. 이와 함께 공신력을 사용합니다. 발표자가 인용한 내용이나 통계자료의 출처가 얼마나 믿을 수 있는지 그 내용은 얼마나 전문적인지를 청중에게 어필해 발표자 자신의 발표 내용의 신뢰도와 전문성을 높일 수 있습니다. 특히 청중을 설득해야 하는 기획형 프레젠테이션에서는 가장 중요한 고려 요소가 바로 '청중의 태도, 청중의 신념, 청중의 가치관'입니다. 기획형 프레젠테이션의 핵심은 청중을 공략하는 데 있습니다. 이런 점에서 그들의 태도나 신념, 가치관 등은 발표의 성공 여부를 가늠하는 가늠자가 될 수 있습니다. 발표자는 그들의 태도, 신념, 가치관, 지적 수준 등 복합적인 요인을 고려해 발표 내용을 구성하는 것이 좋습니다.

그럼 구체적으로 그 내용을 구성하는 데 필요한 기법을 알아보겠습니다.

1 보답기법

'상호성'을 공략합니다. 발표자의 아이디어가 이렇게 청중에게 도움이 된다는 것을 어필하는 것이죠. 자신이 제시한 아이디어가 '당신의 삶을 윤택하게 해줄 수 있다', 혹은 '당신의 경제적 능력을 좀 더 업그레이드해줄 수 있다.'라는 점 등을 보여준다면 청중을 설득할 수 있습니다.

2 양보기법

앞서 언급한 보답기법보다는 그 강도가 조금 약합니다. 좀 더 현실적인 측면에서 접근하는 것이죠. 자신이 제안한 아이디어가 '지금 다른 어떤 기획안보다 경제적일 수 있다' 혹은 '비용을 좀 더 낮출 수 있다.'라는 식으로 현실적인 접근을 통해 청중을 설득하는 것입니다.

3 성공사례기법

자신의 아이디어를 통해 얻은 성공사례가 있다면 이를 발표에 녹이는 것입니다. 성공사례를 통해 청중을 설득하고, 청중들도 발표자의 의견을 따른다면 성공할 수 있다는 점을 보여주는 것이죠.

4 공포기법

청중이 두려워할 만한 요인을 설정해 발표에 사용하는 것입니다. 예를 들어, 자신의 기획안이 미세먼지의 공포로부터 해방해 줄 수 있다면, 발표 메시지 중간중간 '미세먼지'가 얼마나 두려운 존재이고, 우리 건강에 좋지 않은지를 설명한다면 공포감을 더욱 극대화될 수 있습니다. 이런 과정을 통해 청중들을 또 한 번 설득할 수 있죠.

04

" 확실한 성과를 만드는 보고형 프레젠테이션 "

보고형 프레젠테이션 스피치의 전략

──────── 기본적으로 프레젠테이션을 들으러 온 청중들은 발표자가 제공하는 정보가 자신에게 이익이 될 수 있기 때문에 참여한 경우가 많습니다. 혹은 어떤 문제를 갖고 있어 이를 해결할 단서를 찾기 위해 프레젠테이션을 듣는 경우도 많죠. 다르게 생각해보면, 투자자라면 자신의 투자가 어떤 성과를 내고 있는지 그리고 자신의 경제적 자산에는 어떤 기여를 하고 있는지 알고 싶어 프레젠테이션을 듣는 경우도 있습니다.

이럴 때 하는 프레젠테이션을 '보고형 프레젠테이션'이라고 합니다. 고객이 원하는 정보를 제공하고, 주기적으로 정해진 시간에 고정적으로 프레젠테이션하면서 청중에게 성과를 보고하는 것입니다.

보고형 프레젠테이션 준비

보고형 프레젠테이션은 기획형 프레젠테이션처럼 '정보 제공'이라는 분명한 목적이 있습니다. 청중이 원하는 정보를 제대로 보고하고, 그 진행 과정이 어떻게 이루어지고 있는지 분명히 설명하는 것입니다.

1 발표의 목적을 분명히 한다

보고형 프레젠테이션을 준비할 때 발표 내용에 그 목적을 분명히 해야 합니다. 예를 들어, 보고형 프레젠테이션의 청중이 주주들이라고 가정해 본다면, 주주들은 자신의 투자금이 어떻게 쓰이고 있는지 알고 싶을 것입니다. 또한, 자신의 배당금은 어느 정도인지 알고 싶을 수도 있습니다. 이런 것처럼 청중이 알고 싶어 하는 내용을 분명하게 담고, 그 목적과 내용을 발표 처음부터 밝히는 것이 좋습니다.

2 제목을 선정한다

너무 당연한 제목 선정, 그럼에도 불구하고 왕왕 놓치는 사례를 목격합니다. 제목 선정을 잘해두고, 발표할 때 꼭 제목은 짚고 들어가 주세요. 제목 읽기를 생략하는 분들도 있습니다.

3 발표 목적에 맞는 발표 준비를 한다

발표 목적에 맞는 발표 준비를 하는데, 청중들의 이해를 돕기 위해 더 자세한 첨부 자료를 발표 전이나 발표 후에 준비해 배부하는 것이 좋습니다.

말로만 설명하다 보면 그 내용이 두서없을 수 있고, 오류도 조금 발생할 수 있습니다. 청중과 발표자의 신뢰와 오해를 방지하기 위해 발표 자료를 준비해 배부하고 청중의 이해를 좀 더 도울 수 있도록 해야 합니다.

보고형 프레젠테이션의 구성

1 서론 – 청중의 관심 유도

청중의 관심을 끌고 그들의 흥미를 유발해야 합니다. 예를 들어, 간단한 말로 발표의 시작을 알리거나 청중의 답변을 유도할 수 있는 질문을 던져 청중의 관심을 유도합니다. 흔하지 않거나 놀라운 경험을 얘기함으로써 관심을 유도하는 것도 좋은 방법입니다. 앞서 언급한 것처럼 스토리텔링을 통해 그들의 집중을 끌어내는 것도 좋습니다.

2 본론 – 핵심 메시지 전달

다음으로 해야 할 일은 발표 내용과 주제를 소개하는 것입니다. 오늘 발표의 목적이 주주들에게 회사의 사업을 설명하는 자리라고 가정한다면, 발표자는 주주들에게 신년 사업계획을 발표하고, 앞으로 어떤 계획을 갖고 회사가 사업을 추진할 것인지 자세히 설명하겠다고 미리 말을 하는 것이죠. 청중들에게 회사의 기획안과 아이디어를 공유하고 이에 대한 반응도 확인할 수 있습니다. 또한, 여기서 발표에 포함될 내용의 범위와 제외되는 내용을 미리 말하는 것도 좋습니다. 이때에는 예상 발표시간도 사전에 알려주는 것이 좋습니다.

더 나아가 발표의 목적을 알려주는 것도 필요합니다. 오늘 발표를 통해 청중이 어떤 정보를 얻을 것이고, 어떤 내용을 기억해야 하는지 미리 알려 줌으로써 청중의 만족감을 최대치로 끌어올리는 것이죠.

특히 본론 부분에서는 메시지의 논리적인 전개가 중요합니다. 서론에서는 일반적인 내용을 설명했다면, 본론에서는 무조건 이것보다 한 차원 더 깊게 들어간 내용을 담아 메시지를 전달해야 합니다. 여기서 끝까지 청중의 관심을 유도하고 이끌어내야 성공적인 발표를 만들어낼 수 있습니다. 또한, 이후 전개하는 내용이 청중들의 거부감을 일으킬 수 있는 부분이 있다면, 이를 미리 언급함으로써 청중의 반응을 조금 희석시키는 것도 좋죠. 예를 들어, "이 부분에 대해 상당히 많은 거부감을 가지고 있는 것을 잘 알고 있습니다. 하지만 이 문제는 두 가지 측면에서 고려해야 하죠." 등의 발언을 통해 청중의 격앙된 분위기를 환기시키는 것도 좋습니다.

3 결론 - 완벽한 마무리

이 단계에서는 앞서 언급한 발표의 목적과 결과 그리고 내용이 청중들에게 잘 어필되었는지 그리고 전달되었는지 확인합니다. 청중들로부터 질문과 논평을 들으면서 피드백을 하고 이후 보고 프레젠테이션에 이를 반영하는 것이죠. 특히 청중의 질문은 발표 중간이 아닌 발표가 다 끝난 시점에서 받는 것이 좋습니다. 또한, 마무리할 때는 본론발표 내용 중 꼭 다시한 번 전달해야 하는 내용을 정리해서 마무리하는 것이 좋습니다. 즉, 지금까지 발표 내용의 요점을 다시 한 번 정리하는 것이죠.

핵심적인 메시지를 다시 한 번 전달하고, 청중이 반드시 기억해야 할 항목들을 열거합니다. 또한, 간략하게 발표 내용을 검토하거나 인용 혹은 비교를 통해 간접적으로 다시 한 번 상기시켜주는 것도 좋은 방법이 될 수 있습니다. 예를 들어, "오늘 발표한 내용을 요약하면, …… 이렇습니다. 이제 다시 한 번 요점을 짚어드리겠습니다. 오늘 우리가 확인한 것처럼 이런 내용을 다시 한 번 ……이 과정을 통해 성공적으로 마무리할 수 있었으며, 회사의 최종적인 제안은 ……와 같습니다."라는 식으로 발표를 마무리하는 것입니다.

05
효과적인 설득의 기술 포인트 보이스 연출

지금까지 내용적인 측면에서 이를 청중에게 전달하는 과정을 살펴보았다면, 지금부터는 '목소리'나 '제스처'를 통해 전달력을 강화하고 강조하는 기법을 확인해보겠습니다.

우선 음성과 발음을 통해 프레젠테이션의 내용을 강조할 수 있습니다. 정확한 발음은 의미전달에 매우 중요한 요소입니다. 정확한 발음을 구사해야 그 내용을 잘 전달할 수 있고 청중도 발표자가 말하고자 하는 내용을 완벽히 이해할 수 있습니다.

또한, 음성도 중요 요인입니다. 음성은 크기, 속도, 변화, 목소리의 높고 낮음에 의해 결정이 됩니다. 단조로운 음성은 발표를 지루하게 만들 수 있으니 내용에서 꼭 강조하고 싶은 부분에 음의 높낮이를 설정하고 발표하는 것이 좋습니다. 예를 들어, 강조하고 싶은 구절이나 키워드는 강하게 '힘'을 주어 말합니다. 반면 목소리를 낮추어 강조할 때는 '실패나 절망'과 같은 약하고 부정적인 단어에 사용하는 것이 좋습니다. 가령 "작년도 실질 국민 총소득증가율이 1998년 이후 최악을 나타냈다."라는 문장이 발표 내용에 있다면, '최악'이라는 단어에는 목소리를 낮추어 말하고, '작년', '실질 국민총소득증가율'과 같은 핵심 키워드에는 강하게 힘을 발음해 청중들로 하여금 집중도를 높이는 것이죠.

그리고 말의 속도를 통해서도 메시지를 강조할 수 있습니다. 숫자, 인명, 지명 등은 헷갈릴 수 있으니 분명한 어조로 천천히 또박또박 말하게 되면 효과적으로 강조할 수 있죠.

반복과 대조를 통해서도 메지시를 강조할 수 있습니다. 미국의 대통령이었던 버락 오바마의 경우 '명연설가'로 유명합니다. 특히 오바마 대통령의 연설에는 15분마다 문장 후렴구에 가능성과 미래에 대해 언급한 사례가 있습니다. 마틴 루터 킹 목사 역시 'I have a dream.'이라는 문장을 발표 내내 일정한 간격을 두고 반복해서 청중을 사로잡은 역사가 있습니다. 이렇듯 반복이나 대조를 통해 자신이 전달하고자 하는 메시지를 강조할 수 있고 그 내용 역시 부각시킬 수 있습니다.

그 밖에 일반적이지 않은 사실이나 통계를 사용해 청중의 흥미를 유도하거나, '우리'라는 단어를 중간중간 사용해 발표자와 청중의 거리감을 좁히는 것도 전달력을 강화하는 데 도움이 될 수 있습니다. 혹은 "이 내용에 대해 아시는 분은 손을 한 번 들어보시겠어요?"라는 식으로 청중의 행동을 유도하는 것도 좋은 방법이 될 수 있습니다.

프레젠터가 꼭 숙지해야 할 3P(목적, 청중 ,장소)

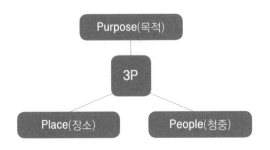

1 프레젠테이션 목적을 이해하라.

- 대외적인 프레젠테이션 : 제품판매, 프로젝트 수주, 기업홍보 → 설득
- 대내적인 프레젠테이션 : 기획 제안 → 설득
  성과보고 → 정보제공, 전달
- 목적에 맞는 내용구성 방법을 활용하라.

2 청중을 분석하라.

- 나이, 성별, 지역, 직종, 인원수를 사전에 조사하고 그들의 관심사를 정확히 파악하라.
- 파악한 정보를 바탕으로 스토리텔링 소재를 선택하고, 오프닝멘트 클로징 멘트 내용을 구상한다. 슬라이드에 활용할 자료, 어휘 선택에도 분석정보를 참고하라.
- 발표 중간중간 청중의 반응을 살펴 분위기를 이끌어갈 수 있도록 하라.

3 장소를 확인하라.

- 장소의 상황을 미리 알고 있어야 실수를 줄일 수 있다.
- 빔프로젝션 시스템, 발표를 위한 도구(마이크, 음향 상태, 레이저포인터, 화면 위치, 무대 상태, 청중과의 거리 등)를 점검하고 그에 맞게 준비한다.
- 리허설을 통해 발표 긴장감을 줄여라.

리허설의 원칙 @

❶ 실전처럼하라. 인사하기, 계획한 동선대로 움직이기, 제스처하기, 마지막 마무리까지 빠뜨리지 마라.

❷ 최대한 원고를 보지 않고 리허설하라.

❸ 원고 내용이 기억나지 않더라도 슬라이드 화면을 힌트로 내용을 떠 올려 말해야 한다.

❹ 원고를 통째로 외우지 마라. 주요 키워드를 뽑아 순서를 기억하라.

❺ 주어진 시간 안에 끝나는지 체크하라.

대한민국 직장인 스피치 교과서

잘나가는 직장인의 커뮤니케이션은 다르다

일 잘하는 직장인의 보고(브리핑) 기술은 다르다

보고(브리핑)는 상호소통을 위한

커뮤니케이션이다.

01

"보고는 상호소통을 위한 커뮤니케이션이다"

보고는 커뮤니케이션이다

사회생활을 하면서 '일을 잘한다.'라는 소리를 듣는 사람은 대부분 '보고'를 잘합니다. 상위 직급의 사람에게 인정받고 평가를 잘 받기 위해서는 '보고'를 잘해야 하는데 이를 위해서는 평상시에도 '보고하는 습관'이 중요합니다. 보고 습관을 잘 들이기 위해서는 상황에 맞는 보고 방법을 배우고 실천해야 합니다.

그런데 우리가 보고에 관하여 잘못 알고 있는 것 중 하나는 '보고는 무조건 일이 다 끝나고 나서 해야 한다.'라고 생각하는 것입니다. 보고는 꼭 일이 끝나고 나서야만 하는 것이 아닙니다. 중요한 사항이나 장기간 소요되는 계획은 중간에 진행 상황을 꼭 중간 직급자나 자신의 상위 직급자에게 보고해야 하죠.

사실은 일이 완벽하게 마무리되고 성공적으로 끝나면 되지, 왜 중간중간 보고를 해야 하는지 모를 수도 있습니다. 이 의문은 사회생활을 하는 모든 이들이 가진 생각이 아닐까 합니다만, 직장생활의 절반을 '보고'하는 데 할애하는 만큼 이번 장에서는 '보고(브리핑)'를 제대로 익히고 이를 실생활에 활용해보고자 합니다.

일반적으로 '보고'의 본질적인 목적은 '커뮤니케이션'을 위한 것입니다. 조직 구성원과 리더 간의 의사소통을 위해 '보고'라는 것이 필요한 것이죠. 권한을 가진 리더는 사실 모든 업무의 내용을 다 알고 있을 수 없습니다. 자리에 맞는 각자 역할이 있듯이 리더가 해야 할 업무는 대단히 많습니다. 그래서 모든 회사 내 사정을 파악하기 위해서는 '보고'라는 것이 필요합니다. 보고를 통해 사업과 이행에 관련된 중요한 의사 결정을 진행합니다. 예를 들어, 보고를 통해 의사 결정의 범위는 어디부터 해야 하는지, 예산은 얼마까지 쓸 수 있는지, 재무 문제부터 조직을 어떻게 구성하고 인력을 어떻게 배치해야 하는지 등 매우 폭넓은 범위에서 보고가 이루어지는 것입니다. 그리고 이 과정에서 보고를 명문화 하고, 그 내용을 체계적으로 수립하기 위해 '보고 양식'과 '보고서'가 필요합니다.

아울러 '보고'는 누군가에게 책임을 주는 장치일 수 있습니다.

보고서라는 명문화된 문서를 통해 이 서류를 누가 승인했고, 승인을 받았는지 절차적 정당성을 확보하는 것입니다. 이런 과정은 내부적으로도 객관성을 확보할 수 있고 감사의 기능도 있기 때문에 중요합니다. 예를 들어, 실무자가 권한이 없음에도 임의대로 실행했을 경우 보고 과정부터 살펴보는 것도 바로 이 때문입니다.

/ 잘나가는 직장인의 커뮤니케이션은 다르다

이처럼 직장생활의 절반을 차지하는 '보고'를
왜 사람들은 어려워하는 걸까요?

─────────────── 직장인들에게 보고가 어려운 이유는 크게 3가
지로 분류할 수 있습니다.

❶ 보고 내용의 '변동성' 때문입니다. 비즈니스 환경과 내부 상황에 따라
보고의 내용은 매번 달라지는데, 이를 뒷받침하는 데이터 역시 시시각각
변하기 때문입니다. 예를 들어, 오전에 상사에게 '주가 등락이 예상보다 크
게 나타나지 않을 것으로 보인다.'라고 보고했으나 점심시간 직전에 최악
의 악재로 인해 갑자기 주가가 폭락할 수도 있죠. 이렇게 되면 오전의 보고
내용이 틀린 것이고 또다시 새로운 내용으로 보고해야 하는 수고로움이
있습니다. 이런 점에서 보고 시점을 쉽게 예측할 수 없고 내용 역시 확신하
기 어렵다는 점에서 보고를 어려워하는 것이죠.

❷ 보고의 경우 중요하고 긴급한 문제가 발생한 경우가 많습니다. 이럴
경우에 사실 보고하는 당사자에게 책임이 돌아올 수 있습니다.

❸ 부정적이고 긴급한 문제에 대해보고 할 때에는 보고하는 것뿐만 아
니라 이에 대한 해결책도 함께 제시해야 하는 경우가 많습니다. 만약 해결
방안 없이 문제와 같은 이슈만 보고하면, 당연히 잘못된 보고가 되는 것이
죠. 따라서 자신이 제시하는 해결 방안에 대한 확신이 없어서 직장인들이
보고를 어려워할 수 있습니다.

그럼에도 불구하고 '보고'는 직장생활에 있어 가장 필수적인 업무입니
다. 조직과 기업을 위해서 매우 중요한 프로세스죠. 보고의 궁극적인 목적

이 조직 계층과 조직 간 '소통'에 있기 때문에 정확하고 올바른 보고를 통해 조직이 문제없이 잘 돌아갈 수 있도록 해야 합니다. 그래서 회사에서도 '보고'를 통해 조직원의 역량이나 성과를 평가하기도 하는 것입니다.

보고의 종류

─────────────── 보고는 우선 업종, 기업문화, 업무 특성에 따라 다양한 기준으로 구분할 수 있습니다. 일반적으로 크게 소속된 조직과 관련된 보고와 수행하는 업무와 관련된 보고로 나눌 수 있습니다.

조직 관련 보고

조직 관련 보고는 개인이 소속된 조직의 상위 리더에게 보고하는 것을 말합니다. 대부분 조직원의 관리를 위해 정기적으로 보고를 진행하는 특징이 있습니다. 구체적으로 조직 보고를 살펴보겠습니다.

❶ 일일보고

기업에서 가장 일반적으로 하는 보고입니다. 팀 단위에서 진행하는 프로젝트나 파트 등 업무 실적과 관련된 보고를 진행하는 것입니다.

❷ 주간보고

직원들이 가장 많이 하는 보고로 팀의 프로젝트 실적과 다음 주의 계획을 보고하는 것입니다. 일반적으로 메일이나 워드, 엑셀 등 문서화 시켜 보고합니다.

❸ 월례보고

주간보고가 '주' 단위로 진행됐다면, 월례보고는 '월' 단위의 보고라고 할 수 있습니다. 직원들이 하는 보고가 아닌 '팀장'이나 '부장' 등 중간관리자 등이 상위 직급자에게 보고하는 것을 말합니다.

❹ 사업계획보고(연간보고)

연 단위를 기준으로 하는 대표적인 보고입니다. 일반적으로 연초에 사업계획에 대해 보고하고, 연말에는 사업에 따른 성과와 실적을 보고합니다. 매출과 이익 등 재무 상태나 사업 전략 등 큰 틀에서 계획을 세우고 이를 얼마나 어떻게 달성했는지, 실패했는지를 판단하는 보고입니다.

업무 관련 보고

업무 관련 보고는 비정기적으로 수시로 이루어집니다. 특히 실제 진행하고 있는 업무와 관련성이 높은 만큼 그 내용을 제대로 숙지하고 있지 못하면, 개인의 업무역량을 평가하는 중요한 잣대가 되기도 합니다.

❶ 업무보고

중간에 조직개편이나 리더가 바뀌게 되어 신규 임용된 리더에게 현재 진행 중인 사업이나 프로젝트에 대해 보고하는 것입니다. 이전 리더와의 공백을 최소화로 줄이고 새 리더와 발을 맞추기 위해 진행하는 것이죠.

❷ 프로젝트 중간, 종료보고

프로젝트를 새로 시작하는 경우 중간중간 진행 상황을 보고하는 것을 말합니다. 그리고 종료할 때도 그간 프로젝트 과정에서 개요나 계획, 인력구성, 성과 등을 보고하는 것도 포함합니다. 직장인들이 가장 많이 하는 보고 유형 중 하나입니다.

❸ 마케팅 & 이슈 보고

신규 상품 개발이나 프로모션을 진행하기 위해 내부 승인을 받기 위한 보고입니다. 이슈 보고 역시 제품이나 서비스의 품질에 이슈가 생겼거나 자신의 사업유형에 비즈니스적인 문제가 발생했을 때 비정기적으로 보고하는 경우를 말합니다. 문제가 발생했을 경우에는 급박하게 진행되기 때문에 핵심 내용을 중심으로 보고하는 것이 중요합니다.

02

" 올바른 의사 결정과 전략 수립을 위한 보고 "

지금까지 '보고의 중요성'과 '보고의 종류'에 대해서 살펴보았습니다. 이번 장에서는 보고를 어떻게 하는지 실질적인 '브리핑 방법'에 대해서 알아보겠습니다.

지시한 사람이 원하는 바를 말해줄 것

구두 보고의 핵심은 지시한 사람이 무엇을 원하는지 알고 이를 정확히 말해주는 것입니다. 그래서 적절한 타이밍에 리더가 알고 싶어 하는 내용을 '결론'부터 말하는 것이 좋습니다. 즉, 두괄식으로 브리핑(Briefing. 요점을 간추린 간단한 보고나 설명)을 진행하는 것이죠. 그런데 여기서 주의해야 할 점이 있습니다. 객관적 사실과 보고자의 주관을 확실히 구분해서 말해야 합니다. 상사는 보고를 잘하는 부하 직원을 신뢰하기도 하지만, 객관적인 사실을 정확하게 보고하고 이에 따른 해결 방안을 명쾌하게 보고하는 직원을 더 좋아합니다. 그래서 설사 보고의 내용이 자신의 실수라 할지라도 망설임 없이 정확히 객관적 사실을 보고하는 것이 좋고, 이를 대비하기 위해 어떻게 해야 할지 상사의 입장에서 고민한 후에 보고하는 과정이 필요합니다.

사실 '보고'의 목적이 무엇인지 명확히 알고 싶다면, 한 차원 더 깊게 들어가면 됩니다. 즉, '기업'의 존재 목적을 확인하는 것이죠. 기업을 정의하면 비즈니스 과정을 통해 '이윤'을 창출하는 공동체라고 할 수 있습니다. 이렇게 구성된 기업 공동체에서 보고는 공동체의 성장, 유지 또는 실패를 결정하는 데 중요한 역할을 하는 것이죠. 기업이라는 조직은 수많은 사람의 협업을 통해 운영됩니다. 그래서 기업 내부뿐만 아니라 외부에서도 수많은 문제가 발생하는 것이죠. 그런데 이런 문제에 주의를 기울이지 않고 정보를 얻는 데 오래 걸린다면, 그 기업은 도태될 수밖에 없습니다. 외부의 흐름을 일선 직원들이 감지하고, 이를 조직에 '보고'함으로써 기업은 문제가 발생하기 전에 선제적으로 대응할 수 있는 것입니다. 보고는 이런 측면에서 리더의 의사 결정과 전략 수립에 매우 핵심적인 역할을 하는 것입니다.

또한, 기업 내부 문제를 해결하는데도 '보고'만큼 중요한 역할을 하는 요소는 없습니다. 직원 관리 문제나, 재무 문제, 내부 프로젝트 성패 등 다양한 문제들이 내부적으로 발생하게 됩니다. 이 외에도 기업 생존에 영향을 주는 문제들이 끊임없이 발생하게 되는데 이런 문제가 발생하는 상황에서 '보고'를 통해 현황과 문제점을 정확히 파악하고 취해야 할 행동을 결정하게 함으로써 더 큰 문제로 확대되는 것을 방지할 수 있습니다.

/   잘나가는 직장인의 커뮤니케이션은 다르다

물론 보고라는 과정이 수평적으로 이루어지는 의사소통이 아니라 '아래에서 위로' 커뮤니케이션이 진행되기 때문에 그 과정에서 어려움이 있을 수 있고 오해도 발생할 수 있습니다. 그러나 이윤을 창출해야 하는 '회사'와 '리더'의 측면에서 보면 비즈니스 상황을 정확히 파악할 방법이 바로 '보고'인 것이죠. 리더는 한정된 시간으로 인해 회사 내부 사정을 다 알 수 없는 만큼, 실무자들의 하부의 '보고'에 의존해 의사 결정을 할 수밖에 없습니다.

이런 점에서 조직의 규모가 크고, 진행하는 업무의 크기가 클수록 리더의 의사 결정을 올바르게 내리게 하기 위해서는 '보고'가 매우 중요합니다. 이런 면에서 볼 때 어떤 비즈니스를 한다고 하더라도 보고는 중요할 수밖에 없으며 비록 가장 낮은 하위직급에 있다고 하더라도 보고는 매우 중요한 업무라 할 수 있습니다.

아울러 보고를 하는 것도 중요하지만, 보고를 '어떻게 하느냐?' 방법론적인 측면도 매우 중요하게 생각해야 합니다. 보고는 시의적절한 타이밍에, 적합한 대상에게, 정확한 내용을 가지고 전달해야 합니다. 만약 이 세 요소 중 하나라도 간과된다면, 결국 기업에 큰 문제로 이어질 수 있습니다. 특히 앞서 언급했듯이 '보고'는 책임 소재를 분명하게 가리기 위해서도 필요한 만큼 고의적으로 보고를 지연하거나 누락시킬 경우 책임져야 하는 범위도 넓고, 그 위험성 역시 높아질 수 있습니다.

그렇다면, '보고'가 단순히 업무적인 측면이 아니라
개인적인 측면에서는 어떤 좋은 점이 있을까요?

  직장에서 '개인'에게 줄 수 있는 최대의 성과와 보상은 바로 승진과 연봉
이라고 할 수 있습니다. 그런데 이는 사실 객관적 지표로 평가되기도 하지
만, 상사의 평가에 따라 결정되기도 합니다. 물론 보고 자체가 개인의 성과
지표로 활용되지는 않죠. 그러나 상사가 직원을 평가하는 하나의 요소로
는 '보고'가 작용할 수 있습니다. 보고는 중요 업무 중 하나이기 때문에 보
고를 얼마나 자주 정확하게 제대로 하느냐의 문제도 평가 요소가 될 수 있
죠. 실제로 업무를 해내고 그 성과를 인정받는 데 있어서 보고가 개인 역량
평가에 많은 영향을 주기도 합니다.

  특히 '보고'의 과정은 상사와 직접적인 관계를 통해 이루어지기 때문에
처세술이 조금 필요한 것도 사실입니다. 보고 상황, 보고 시기, 보고 대상
에 따라 적절한 대응이 필요합니다. 예를 들어, 상사의 기분에 따라 보고의
내용을 눈치 봐야 하는 경우도 있습니다. 물론 이런 상황으로 인해 '이렇게
까지 해야 하나' 싶은 마음이 들기도 할 것입니다. 다만 생각을 한번 바꿔
리더의 입장에서 판단해보면 어떨까요?

  리더의 입장에서는 자신이 직접 업무를 파악하는 것이 어려우므로 아랫
사람의 보고를 통해 전체 업무를 파악하게 됩니다. 그래서 사업의 상황을
적시에 정확하게 리더에 보고하는 아랫사람을 신뢰할 수밖에 없죠. 이런
점에서 일하고 나서 혹은 일을 진행하는 중간중간 보고를 제때에 하지 않
으면, 리더 입장에서는 일의 진행 상황을 전혀 모르게 되는 것이기 때문에
'보고'라는 프로세스가 상사 입장에서는 아랫사람을 평가하는 중요한 기준

이 되는 것이죠.

또한, 보고가 무성의하게 이루어진다면 자신이 파악해야 하는 일을 제대로 알 수 없으므로 구성원에 대해 신뢰를 할 수가 없게 됩니다. 결국, 보고를 통해 받은 첫인상이 사원의 이미지와 연결되는 경우도 많고, 이 판단이 결국 사원의 업무역량을 파악하는 중요한 잣대가 되는 것입니다.

다시 한 번 정리해보겠습니다. 개인적으로든, 회사 차원에서든 보고는 업무에 있어 중요한 역할을 하고 있다는 것은 틀림없습니다. 어떤 회사 혹은 어떤 직무에서 일하든 보고가 중요하지 않다고 여기는 곳은 어디에도 없습니다. 또한, 어떤 리더도 보고를 잘하는 직원을 싫어하는 경우도 없죠. 이러한 점을 고려해 보면 사회 초년생 시절에는 자신의 업무를 파악하는 것도 중요하지만, '보고'를 일상화하고 그 태도와 능력을 키우는 과정도 중요하다고 할 수 있습니다.

보고를 잘하기 위한 3요소

업무보고에 있어 좋은 보고라고 인정받는 기준에는 3가지 요소가 있습니다. 바로 '신속성, 객관성, 융통성'입니다.

신속성

업무보고에 있어 가장 중요한 점은 바로 '신속성'입니다. 업무보고의 목적은 업무의 진행 과정을 상사와 공유하는 것입니다. 그래서 일이 다 끝난 후에 보고하는 것은 아무런 의미가 없죠. 일의 진행 과정마다 상급자에게 신속하게 보고하는 것은 매우 중요합니다. 만약 각 일이 진행될 때 이슈가 발생할 경우 지체하지 않고 보고하는 신속성이 바로 직장인 보고 스피치의 핵심입니다. 아마 보고가 '인사평가'를 동반하는 경우가 많아서 부정적인 이슈가 발생했을 때 그 책임이 자신에게 전가될까 보고하는 것을 두려워하는 경우가 많습니다. 그러나 부정적인 이슈가 발생했을 때 신속하게 하는 것이 더욱 중요합니다. 부정적인 이슈에 대한 신속한 업무보고는 문제점을 바로 잡고 개선해 나가는 데 큰 도움을 준다는 점을 명심해야 합니다.

객관성

다음으로 보고 스피치에서 중요한 요소는 바로 객관성입니다. 자신의 주관을 완전히 배제하고, 명확한 팩트만 상부에 전달하는 것이 핵심이죠. 특히 입사 초반 업무보고를 하는 데 있어 주관적인 의견과 팩트를 혼동해 복합적으로 보고하는 경우가 있습니다. 그런데 이럴 경우 큰 문제를 야기할 수 있습니다. 즉, 상사가 재해석할 여지를 줄 수 있죠.

예를 들어, 앞으로 진행될 업무 프로젝트에서 전략을 구성하는 데 자신의 주관적인 평가를 포함해 그것이 사실인 양 상사에게 보고한다면, 업무에 대한 냉정하고 정확한 판단을 내려야 하는 리더의 입장에서는 방해될 수 있습니다. 따라서 보고를 할 경우 보고자 자신의 의견과 객관적 사실을 정확하게 구분해 보고해야 합니다.

융통성

마지막으로 직장인 보고 스피치에서 중요하게 살펴보아야 할 점 중 하나는 '중간보고'입니다. 복잡하고 장기간 지속하는 업무를 하는 경우 중간보고의 필요성이 더욱 커지게 됩니다. 별다른 이슈 없이 계획대로 업무가 진행되고 있다고 하더라도 정기적으로 중간보고를 하는 융통성이 필요합니다.

물론 특정 이슈가 발생했을 때 또는 계획에 차질이 생겼을 때 신속하게 중간보고를 하는 것은 기본입니다. 또한, 장기간으로 진행되는 업무가 아니더라도 상사가 원활하게 업무 과정을 파악할 수 있도록 중간보고는 꼭 필요합니다.

보고를 잘하는 방법

결과부터 말하자면 보고 스피치를 잘하는 방법은 '상사가 알고 싶은 내용을 정확하게 알려주는 것'이라고 할 수 있습니다.

우선 상사가 원하는 정보를 정확히 알려주어야 합니다

결국, 보고는 정보와 의견을 전달하는 과정입니다. 상사가 보고를 받고 싶다는 것은 결국 그에 따른 정보와 보고자의 생각을 알고 싶다는 것입니다. 즉, 이에 따라 정확히 파악해 보고하는 것이 당연한 순서입니다.

보고의 내용에 '정확한 사실'과 '보고자의 의견'을 포함하는 것입니다. 허구나 예측이 아닌 사실 그대로 정보를 알고 싶은 것이죠. 또한, 여기에 프로젝트가 진행 중이라면 어떤 과정에서 얼마나 진행되고 있는지를 알고 싶은 것이죠. 특히 이 과정에서 꼭 담아야 할 정보가 있습니다. 프로젝트 마감일과 현재에 문제가 있다면 문제점을 보고해야 하고, 어느 정도 현재 진행 중인지 등 핵심적인 내용을 꼭 포함해야 하며, 여기에 객관적 '수치' 도 함께 보고하는 것이 좋습니다.

'의견'도 보고의 중요한 일부인 만큼, 최대한 주관적인 감정은 배제한 채 명확한 사실에 따른 자신의 의견을 보고하는 것이 좋습니다. 예를 들어, "지금까지 진행률은 80% 정도 완료가 되었는데, 나머지 20%를 하기 위해선 인력충원이 필요해 보인다."라는 식으로 업무 목표 달성을 위한 자신의 의견을 언급하는 것이 좋습니다.

다음으로 '상사의 성향에 맞는' 보고를 해야 합니다

보고를 받는 상사의 취향도 중요합니다. 예를 들어, 보고를 직접 구두로 하는 것을 좋아하는 경우도 있고, 반면 중요한 내용이 아니면 '이메일'을 통해 보고하기를 원하는 상사가 있을 수도 있습니다. 혹은 보고의 내용에 '숫자'를 꼭 기재해 객관적 수치를 파악하는 보고 형식을 좋아할 수도 있죠. 이렇게 상사의 취향에 따라 보고 방식도 각기 달라야 합니다.

만약 상사가 새로 와서 보고 취향을 확인해야 하는 과정이라면, 이전에 상사와 같이 일한 직원을 찾아가 어떤 성향을 좋아하는지 넌지시 물어보거나 칭찬받은 보고서를 미리 확인하는 것도 좋습니다. 보고도 결국 '커뮤니케이션'의 일환인 만큼 정보를 알고자 하는 사람의 취향에 맞게 보고를 한다면, 그 보고를 싫어하는 상사는 없을 것입니다.

/ 잘나가는 직장인의 커뮤니케이션은 다르다

03
통하는 보고를 위한 유형별 접근 방법

보고는 업무의 시작이자 끝이다

──────── 보고는 업무의 시작이자 끝이라고 할 수 있습니다.

'상사'를 중심으로 생각하기

보고를 받는 '상사'를 중심으로 생각해야 합니다. 상사는 사실 더 많은 일을 해야 해서 업무를 파악하기에 시간이 부족합니다. 이런 점에서 상사에게 보고할 때는 '결론부터' 말하는 것이 좋습니다. 또한, 상사가 그 일의 진행 과정을 묻기 전에 먼저 진행 상황을 자세히 보고하는 것도 중요합니다. 만약 장기 프로젝트에 관한 보고를 해야 한다면 중간보고를 통해 틈틈이 상사와 의견 교환을 해야 합니다.

보고하기 전에 보고 내용에 대한 정보를 충분히 수집하고 그에 대한 자료를 완벽히 준비해 보고하는 게 좋습니다. 문제점이나 부정적인 내용을 보고해야 한다면, 단순하게 사실만을 나열하기보다는 '대안'을 제시해 자신의 업무 역량을 어필하는 것도 하나의 방법이 될 수 있습니다. 또한, 상사가 질문할 것이라 예상되는 내용에 대해 답변을 미리 준비해 상사의 예기치 못한 질문에도 제대로 답변할 수 있어야 합니다.

'요약'해서 말하기

보고 내용을 중언부언하거나 너무나 많이 설명하고 횡설수설 말하다 보면, 보고의 핵심도 놓칠 수 있고, 내용의 중요도 역시 파악하기 어려울 수 있습니다. 이런 점에서 보고 내용을 간단명료하게 요약해서 말한다면, 상사와 보고자 모두가 업무를 파악하는 데 어려움을 느끼지 않을 수 있습니다. 그뿐만 아니라 요약해서 보고한다면, 개인적으로도 플러스 요인이 될 수 있습니다. 간단명료하게 핵심을 짚어낼 수 있다는 것은 스마트한 직원이라는 인상을 줄 수 있기 때문입니다.

예를 들어, 장황하게 성과를 나열해 말하기보다는, "현재 추진 중인 프로젝트의 문제점에는 이런 것이 있으며, 이를 해결하는 방법에는 이런 것들이 있습니다."라고 명확히 짚어내는 것이죠. 상사가 원하는 내용을 요령 있게 핵심만 간추려 설명하면 보고하는 시간도 줄일 수 있고, 보고자의 발언에 집중할 수 있게 만들 수 있습니다. 이는 보고하는 사람에 대한 신뢰감도 높일 뿐만 아니라 전문성도 확보할 수 있습니다.

예컨대 말을 시작할 때 "오늘 말씀드릴 보고 내용은 3가지입니다. 첫째…, 둘째…, 셋째… 이며, 각각의 내용에 맞게 구체적인 보고 내용을 설명해 드리겠습니다."라고 말하면 상사는 본격적인 보고 내용을 듣기에 앞서 전체적인 보고 내용의 맥락을 확인할 수 있죠. 특히 이렇게 먼저 말하고 나면, 상사가 주의 깊게 확인해야 할 점은 무엇인지, 전망할 수 있게 되고 예측하게 되면서 대화의 집중도는 더욱 올라갈 수 있습니다. 만약 보고의 내용이 상사에게 도움을 요청하거나 상사의 승인이 필요한 내용이라면, 이렇게 스피치를 하는 것이 상사의 동의를 쉽게 유도할 수 있습니다. 이런 점에서 듣는 사람인 상사로 하여금 간략하고 알기 쉽게 들을 수 있도록 노력하는 과정이 필요한 것이죠.

보고 역시 커뮤니케이션의 한 과정인 만큼, 정확한 의사전달이란 단순하게 말의 교환만을 의미하는 것이 아닙니다. 비록 관계가 상사와 아랫사람으로 명확하게 구분되어 있더라도, 대화의 주체가 사람과 사람인 만큼 그 마음이 통할 수 있도록 상대방의 입장에서 배려해 스피치하는 것이 좋습니다.

신속하고 정확한 브리핑하기

상사에게는 신속하고 정확한 브리핑이 중요합니다. 상사와의 커뮤니케이션은 아무래도 그 내용이 업무와 관련된 보고가 주를 이룰 것입니다. 상사의 상사로 올라갈수록 그 내용의 중요도 역시 매우 높은 것이죠. 그런데 흔히 보고만 했다고 해서 자신의 업무가 끝났다고 생각합니다만, 이는 잘못된 생각입니다.

이상적인 보고는 요점을 추려서 간단명료하게 하는 것이 당연하지만, 예외적인 사항이나 이상 현상 등은 자기가 스스로 판단을 내리지 않고 상사에게 신속하게 보고하는 것이 중요합니다. 예를 들어, 자신은 별로 중요한 보고 내용이 아니라고 판단해 보고를 지연하는 경우도 있습니다. 그러나 보고 내용의 중요도를 판단하는 것은 자신이 아니라 상사에게 있다는 것입니다. 그 내용이 경영상 지대한 영향을 미칠 수도 있고, 경영하는 데 중요한 변수가 될 수도 있죠. 이런 일일수록 더욱 자기 판단을 개입시키지 않고 사실 그대로 상사에게 보고해야 합니다.

자기 스스로 판단해 보고 내용을 누락하거나 지연시킨다면 상사의 경영 판단에 오류가 생길 수 있고 올바르지 않은 선택을 하도록 유도한 격이 되어버릴 수 있습니다. 이런 점을 간과하지 않고 신속 정확하게 보고 내용을 브리핑하는 것이 중요합니다.

만약 보고해야 할 것 같은데, 상황이 여의치 않아 시간적으로 조금 지연할 수밖에 없다면 이 역시도 미리 보고해야 합니다. 가능한 한 빨리 상사에게 보고해 얼마나 늦어지는지 알리는 것이죠.

그런데 일의 진척 상황을 보고할 때 두 가지를 명심해야 합니다.

❶ 잘 진행되고 있는 일은 물론 문제가 있기나 순조롭게 진행되고 있지 않은 일에 일에 대해서도 보고해야 합니다.
❷ 잘 진행되는 일에 관한 보고는 직장 내에서 적극적으로 활용하고, 잘 진행되지 않는 일에 관한 보고는 반성과 발전의 계기로 삼아야 합니다.

즉, 업무보고는 이 두 가지 요소를 모두 갖추고 있을 때 비로소 보고의 의미가 있습니다.

/ 잘나가는 직장인의 커뮤니케이션은 다르다

보고의 3원칙

_____ 지금부터는 보고를 3원칙으로 확인해보겠습니다.

1 사실 있는 그대로 보고

보고할 때 철칙은 바로 '의견'을 보고하는 것이 아니라 객관적 사실에 관해 있는 그대로 보고해야 합니다. 계획한 대로 일이 진행되지 않았거나 목표를 달성하지 못했다고 해서 그 내용을 누락하거나 임의대로 편집해서 보고해서는 안 됩니다. 예를 들어, "죄송합니다. 저 그게…"라는 식으로 말을 하기보다는 "해당 프로젝트와 관련해서 진척 상황을 보고 드리겠습니다. 애초 이번 주 중으로 프로젝트를 마무리하고 보고하기로 했으나 수주를 준 쪽에서 조사 결과를 늦게 주는 바람에 프로젝트 마무리가 지연될 것 같습니다. 죄송합니다."라고 말하는 것이 더 좋습니다.

말하기 꺼려지는 부분이 있더라도 알고 있는 내용에 대해 솔직하게 보고하는 것이 나중에 문제를 더 크게 만들지 않을 수 있습니다. 어쩌면 당신이 숨기고 싶고 말하고 싶지 않은 부분이 상대방에게는 가장 알고 싶어 하는 정보일 수 있습니다. 감출수록 문제만 더욱 확대될 수 있으니 분명하고 솔직하게 보고하는 것이 중요합니다.

당신의 실수로 인해 일의 진행이 늦어지고 있는 것이라면, 우선 죄송하다고 사과를 하고 시작하는 게 좋습니다. 이유와 원인에 대한 설명은 그다음입니다. 만약 이유와 원인부터 말을 하게 되면, 상사 입장에서는 변명부터 늘어놓는다고 생각할 수 있습니다. 보고 내용의 핵심도 흐릴 수 있기 때문에 주의해야 하죠. 물론 본인은 사과보다는 사실을 명확히 알리기 위해 자세하게 설명하는 것이겠지만, 듣는 상사 입장에서는 변명으로밖에 들리지 않습니다. 그래서 특히나 이럴 경우 사과와 보고를 간략하고 명확하게 하는 것이 좋습니다. 다만 여기서 원인과 경위를 설명할 때 무엇을 어떻게 했는지 행동을 구체적으로 보고하는 것이 중요합니다. 예를 들어, "막아볼 만큼 막아봤지만, 노력했지만….."이라는 식으로 말하기보다는 "경위를 확인하기 위해 해당 회사에 전화하고 만나서 해당 내용의 진위를 확인했습니다."라고 말하는 것이죠.

원래 계획했던 대로 일을 진행하기 위해 '자신이 무슨 노력을 했는지'를 분명히 밝히고 그 근거 역시 제시하는 것도 필요합니다. 즉, 상사 입장에서도 '어쩔 수 없었겠다'고 인정할만한 자료와 근거가 있어야 다음에 같은 상황이 벌어졌을 때도 신뢰를 잃지 않을 수 있습니다.

2 업무 목표 달성을 위한 제안 보고

보고의 상황이 당초 예상대로 진행되지 못하고 있을 때는 무조건 사과를 하는 것은 좋지 않습니다. 정말 당신이 모든 것을 책임질 것이 아니라면 이렇게 보고해서도 안 됩니다. 책임의 원인이 누구에게 있는지 말하는 것보다는 '업무 목표를 달성하기 위해 앞으로 어떻게 해야 하는가'를 확인하는 게 더 중요한 것이죠.

현상과 원인이 분명히 밝혀졌다면 이번에는 사태가 어떻게 돌아가고 있는지를 분명히 전달하는 게 필요합니다. 예를 들어, "상당히 심각한 상황이지만, 어떻게든 해 보겠습니다."라는 식으로 추상적으로 말하기보다는 "상황은 악화되었지만, 이것을 만회하기 위해 이런 방법이 있다."라는 식으로 말을 하는 것이 좋습니다. 어떻게든 해보겠다는 말은 사태가 악화되기 전에 미리 손을 써놓은 상태에서 할 수 있는 말입니다. 사태의 심각성을 알리고, 문제를 어떻게 해결해야 할지를 고민해야 하는 이 시점에서 그렇게 말하기보다는 '제안'이나 '구체적인 대안'을 덧붙이는 것이 좋습니다.

악화된 상태가 심각하다면, 상사의 도움이 필요하기도 합니다. 사실 팀에서 진행하는 프로젝트는 팀원뿐만 아니라 상사의 성과에 있어서도 중요합니다. 그래서 상사도 문책을 당하지 않기 위해 팀원의 어려움을 타개할 수 있는 노력을 기울이게 됩니다. 따라서 상사가 해 줄 수 있는 부분이 있다면 그런 제안과 부탁을 정중히 해야 합니다. 이 점을 확실히 짚고 넘어가면 문제를 빨리 수습하고 위기를 기회로 바꿀 수 있습니다.

문제 해결을 위해 제안을 하는 내용에는 '수정된 목표치' 혹은 '목표 달성을 위해 필요한 자원' 등의 내용이 명확히 명시되어야 합니다. 이를 통해 '무엇을', '어떻게' 해결해 나갈지 언급해야 보고의 당위도 확보하고 문제도 함께 해결할 수 있습니다. 정말 말도 안 되는 제안이 아니라면 상사에게 질책을 받는 것을 두려워하지 말고 분명하게 자신의 제안을 이야기하는 것이 필요합니다. 보고를 통해 현 상황과 보고자의 처신, 입장 등을 확인할 수 있고 이는 또 하나의 평가 기준이 될 수 있습니다. 만약 상사가 제안을 거절했다면, 거절한 이유와 사정을 충분히 확인한 뒤 어떻게 하면 다시 받아들여질 수 있을지 고민해보거나 혹은 또 다른 좋은 방법을 생각해내는 것이 좋습니다.

3 문제 상황에 대한 대안과 플러스알파를 제시

문제 상황이 발생했을 때 이를 신속하게 보고해 실패를 만회했다면, 여기에서 그쳐서는 안 됩니다. 실패 상황을 만회했더라도, 회사라는 조직은

'플러스'를 해야 하므로 다시 플러스로 돌려놓을 구체적인 대안까지 제시해야 하죠. 단순히 실패를 만회하는 것에 그친다면 당신에 대한 상사의 평가 역시 그 정도에 머무르게 됩니다.

예를 들어, "서류 제출이 일주일 정도 늦어졌지만, 고객 설문조사에 관한 최신 데이터를 함께 담았습니다."라는 식으로 말을 하거나 "기획안 제출마감이 애초 오늘까지였지만, 아직 자료 분석을 미처 끝내지 못했습니다. 3일 정도만 더 여유를 주신다면 기획안을 좀 더 보강해서 제출하겠습니다."라는 식으로 구체적으로 설명하는 것이 좋습니다. 즉, 내용을 좀 더 보강해서 충실하게 담든가 혹은 보고를 받는 상사가 선택할 수 있는 폭을 넓히는 등 플러스 요인을 만들 수 있죠. 여기서 유념해야 할 것은 단순히 일의 진척 상황을 보고하는 데 그치지 않고, 업무를 진행하는 과정에서 얻은 정보나 성과를 부서 혹은 회사의 '다음 계획'으로 이어질 수 있도록 기반을 만들어야 하는 데 있습니다.

마지막으로 평소에 보고를 충실하게 하는 것도 중요합니다.

위기에 처했을 때만 마지못해 보고한다면, 굉장히 큰 실수하는 것입니다. 평소에 상사와의 유대관계가 원만하지 못했다면 보고 역시 제대로 이루어질 수 없습니다. 특별한 보고 사항이 없더라도 성과 보고를 충실히 해두는 것이 좋습니다. 상사 입장에서는 보고를 자주 함으로써 업무를 확실히 파악할 수 있고 이를 통해 마음도 놓일 수 있기 때문이죠. 또한, 보고를 통해 얻은 정보로 다른 새로운 사업을 추진할 수도 있습니다. 그렇다고 너무 의욕적으로 자신의 '의견'만을 장황하게 늘어놓아서는 안 됩니다.

상사에게 '고마운 마음'을 어필하는 것도 보고의 중요한 기술입니다. "지난번 부장님께서 조언을 해주신 것을 바탕으로 좋은 성과를 낼 수 있었습니다. 감사합니다."라는 식으로 인사를 한다면, 상사와의 관계 형성에도 도움이 될 뿐만 아니라 자신의 든든한 우군을 만들 수도 있는 것입니다.

만약 상사가 외국인이라면 어떻게 커뮤니케이션을 해야 할까요? 상사가 외국인이냐, 한국인이냐는 중요한 요인이 아닙니다. 외국인 상사도 한국인 상사와 똑같이 보고하면 됩니다. 그런데 여기서 중요한 것은 '결론'부터 말하는 것을 잊어서는 안 됩니다. 상대방의 피드백에 대해서도 잘 모르겠다면, '…라는 말씀이신가요?'라고 되물으면서 서로 오해가 발생하지 않도록 하는 것이 중요합니다.

구두 보고를 해야 하는지 문서보고를 해야 하는지 헷갈릴 수 있습니다. 이럴 때는 '사안의 시급성'을 따져보고 구두로 할지 문서로 할지 결정하면 됩니다.

구체적으로 구두 보고 해도 무방한 경우	문서로 보고해야 할 경우
① 일상 업무의 진행 사항 ② 긴급을 요할 때 ③ 업무 수행 중 실수를 했을 때 ④ 다른 부서에 연락이나 보고를 할 때 ⑤ 외출 중 급한 일이 생겼을 때	① 문서로 보고할 것을 지시받았을 때 ② 내용이 구두로 보고하기에는 적합하지 않을 때 ③ 내용이 회람, 보관, 기록을 필요로 할 때 ④ 숫자나 지표가 필요한 보고일 때 ⑤ 문서 보고가 제도화되어 있을 때

어떻게 보고하는 것이 좋은가

———————— 그렇다면 구체적으로 어떻게 보고하는 것이 좋은지 '방법론적'으로 살펴보겠습니다.

> 자주 질문해라!

우선 보고를 지시한 직장 상사와 원만한 관계 형성을 하기 위해서라도 자주 질문을 하는 것이 좋습니다. 보고해야 하는 직장 상사는 사실 아랫사람 입장에서 어려운 존재일 수 있습니다. 그러나 보고를 받는 사람은 보고의 내용에 따라 보고자를 평가하기도 해서 보고는 어렵다고 피할 수 있는 것은 아니죠. 그런데 보고를 했을 때 상사의 반응이 부정적이라면 왜 그런지 한 번 생각은 해볼 필요가 있습니다. 예를 들어, 상사에게 보고한 내용이 상사가 원하는 내용이 아닐 수 있고, 제대로 요지를 파악하지 못해 동문서답으로 보고할 수도 있죠.

이럴 때 필요한 것이 바로 '질문'입니다. 보고해야 할 직장 상사에게 자주 질문하면 상대의 의도를 파악할 수 있습니다. 대부분 상사는 보고를 지시하면서 어떤 내용을 보고할지, 어떤 정보를 더 수집해야 하는지 자세하게 알려주는 경우는 거의 없습니다. 보고의 핵심도 아랫사람이 파악하고, 상사가 원하는 정보가 어떤 것인지 파악하는 것도 아랫사람이 해야 할 임무이죠. 그래서 이런 점을 보완하기 위해 자주 질문을 하면서 상사의 의도를 파악하는 것이 좋습니다. 회의를 통해 질문하기보다는 부드럽게 티타임을 하는 시간이나 식사를 할 때 가볍게 물어보는 것도 나쁘지 않습니다. 질문을 통해 상황을 파악하고 보고의 방향과 포인트를 잡아내는 것이 핵심이죠.

> **논리적으로 보고해라!**

보고를 잘하기 위해선 또한 '논리적'으로 보고해야 합니다. 보고는 결국 설득을 위한 수단입니다. 구두로 보고할 경우 이에 따른 적절한 논리가 전개되어야 하죠. 그러나 일각에서는 보고서를 통해 논리를 확인할 수 있으니 간단명료하게 보고하는 게 중요하다고 생각할 수 있습니다. 그러나 구두 보고를 통해 논리의 정당성을 확보하지 못하면, 보고서 역시 존재의 의미가 없습니다. 이런 점에서 보고할 때는 논리적으로 적절한지, 그리고 주장과 근거가 적절하게 제시되었는지, 근거를 뒷받침할 증거 자료까지 준비되었는지 이 모든 과정을 확인하는 게 필요합니다.

다음 방법은 이미 앞에서 많이 설명했지만, 다시 한 번 강조해도 지나침이 없습니다. 보고의 내용을 객관적 사실과 개인 의견을 명확하게 구분하는 것이죠. 보고할 때 주관적인 주장보다 인정할 수밖에 없는 객관적 사실과 철저한 데이터를 기반으로 해야 합니다. 그런데 간혹 보고의 내용에 자신의 주관적인 내용을 담아 전달하는 경우가 있습니다. 이럴 경우 직장 상사 입장에서는 다르게 해석할 수 있고 이는 결국 이후 부정적 결과를 낳을 수도 있습니다.

'1년간 신규 회원 가입이 5만 명으로 매우 증가했습니다.'라는 보고를 한다고 가정해봅시다. 5만 명은 객관적인 데이터일 수 있지만, '매우 증가했다.'라는 문장은 보고자 자신의 주관적인 생각입니다. 만약 상사는 10만 명을 목표치로 두고 있었다면, 5만 명으로 매우 증가했다는 아랫사람 보고를 목표 대비 미달이라고 생각할 수 있죠. 또한, 보고 내용에 주관적인 생각을 담으면 보고 내용 자체의 신뢰성을 의심받을 수도 있습니다.

그렇다면 이럴 때 어떻게 해야 할까요? 개인의 의견을 완전히 배제하고, 비교 대상이 되는 데이터끼리만 비교해주면 됩니다. 예를 들어, '1년간 신규 회원 가입 5만 명'이라는 보고에 '전년 대비 20% 증가'라는 객관적 사실을 덧붙여 전달하는 것이죠. 이를 통해 목표 대비 실적이나 성과에 대한 판단을 상사가 스스로 하게 하는 것이 좋습니다. 자신의 주관적인 의견을 마치 최선의 방안인 것처럼 보고하기보다는 객관적 수치를 통해 보고자의 의견에 상사도 동의할 수밖에 없게 만드는 것이 보고의 핵심입니다.

> 다수의 상사 앞에서 보고 하기 전에
> 자신의 우군을 미리 만들어라!

마지막으로 다수의 상사 앞에서 보고해야 하는 경우 미리 참석자 중에서 내 편을 만들어 놓는 것이 좋습니다. 프로젝트나 사업의 현재진행 상황이나 동향을 설명하기 위한 보고도 있지만, 조직의 중점적 활동 방향이나 비용 집행, 또는 신규 투자와 같은 의사 결정을 뒷받침하기 위한 보고 등도 많습니다. 이런 보고의 경우 '설득'을 위한 보고이죠. 그런데 이때 보고의 내용에 상사가 늘 동의할 것으로 생각하면 안 됩니다. 보고 내용을 놓고 상사가 개인적 경험이나 정보에 따라 보고자의 의도와는 전혀 다른 의견을 갖고 명령을 내릴 수 있다는 점을 늘 대비하고 있어야 합니다.

이런 점에서 보고하기 전 '자신의 우군'을 만들어놓을 필요 또한 존재합니다. 보고하는 자리에서 자신의 주장이나 논리를 지원해줄 지원군을 미리 확보하는 것이죠. 보고하기 전에 동료나 상사, 또는 보고 자리에 참석하는 관련자와 보고 내용에 대해 미리 공유하고, 어느 정도 의견일치를 해두거나 어떤 질문이 나올 것인지에 대해 미리 가설을 세워보고 답변을 준비하는 것도 필요합니다.

보고할 때는 해결 방안까지 말하라!

또한, 보고 내용에 문제점을 단순하게 나열하기보다는 '해결 방안'을 함께 담아야 합니다. 직장 내부에서 보고해야 하는 상황은 정말 다양합니다. 그래서 보고의 내용 역시 그만큼 다양하다고 할 수 있습니다. 그런데 주로 보고는 일반적으로 문제가 발생할 가능성이 있거나 실제로 이미 문제가 발생했을 경우에 주로 많이 하게 됩니다.

사업 상황이 좋게 전개된다면 굳이 보고를 많이 할 필요는 없는 것이죠. 상황이 긍정적으로 흘러가는 것을 이미 상사도 알고 있기 때문입니다. 그런데 사업의 상황이 나빠졌거나 프로젝트 등의 업무에 이슈가 있을 때 보고를 하게 될 때는 반드시 '해결 방안'도 보고에 담아야 합니다. 직속 상사 입장에서 현황의 파악도 중요하지만 이를 어떻게 대처할 것인지에 대해 다양한 생각과 방안이 필요한 것이죠.

만약 보고자가 해결 방안을 담지 않고 단순히 '이런 문제가 있습니다.'라고만 보고한다면, 상사 입장에서는 '그래서 어떻게 해?'라고 물어볼 수밖에 없습니다. 이럴 때를 대비해 미리 사전에 보고할 때 문제와 함께 이를 해결하는 방안을 작게나마 같이 보고하는 것이 좋습니다. 물론 보고자가 제시하는 해결 방안이 정답이 아닐 수도 있을 뿐 아니라 보고자 선에서 수습할 수 없는 수준의 문제일 수도 있지만 그렇다고 하더라도, 자신이 이 문제에 대해 이 정도 고민을 해봤으며 그에 대해 노력을 했다는 점을 상사에게 어필하는 것이 좋습니다.

그렇다면, 상사는 보고의 기본이 되어 있다고 평가하고, 보고자를 평가할 때도 설사 문제의 원인이 보고자에게 있다고 하더라도 이를 감안할 수 있는 것이죠.

/   잘나가는 직장인의 커뮤니케이션은 다르다

아울러 보고 내용에 대한 상사의 지적을 겸허히 받아들이는 자세도 필요합니다. 보고를 하다 보면 보고 내용을 두고 상사와 의견이 다른 경우가 생길 수 있습니다. 심지어 상사가 보고 내용과 다르게 오해를 하거나 잘못 이해하는 경우도 빈번합니다. 그래서 자신의 의도와는 전혀 다른 지적을 받게 되는 경우도 있는데, 보고자 입장에서는 내용을 다시 전달하기 위해 다시 한 번 강조할 수도 있죠.

특히 이럴 때 욱하는 마음이 들어 상사에게 '강한 어조'로 말을 하게 되는 경우도 간혹 있는데, 이럴 때는 감정적으로 대처하기보다는 한 발 뒤로 물러서서 상사의 의견을 먼저 듣는 것이 필요합니다.

즉각적인 반박보다는 '내 보고 내용을 어떻게 저렇게 이해할 수 있지?'라고 자신에게 다시 물어보고, 정확히 어떤 부분에서 상사의 오해를 낳은 것인지 파악하는 절차가 중요한 것이죠. 물론 당신의 내용이 100% 옳을 수도 있습니다. 그러나 상사는 같은 내용 등에 대해 경험을 오랫동안 쌓아왔다는 것을 간과해서는 안 됩니다. 상사의 지적이 무엇인지, 그리고 보고의 어떤 내용이 상사에게 오해의 소지를 제공했는지 객관적이고 이성적으로 파악한 다음 항변하는 것이 더 올바른 대처방법입니다.

서로 감정적으로 대처하다 보면 논리적인 대화보다 감정적인 오해가 더욱 크게 작용해 판 자체가 깨질 가능성이 높아집니다. 어디까지나 직장 상사는 자신과 싸우고 다투어 이겨야 하는 존재가 아니라 서로 이견을 조율하고 함께 원원(WIN-WIN) 할 수 있어야 하는 존재라는 점을 망각해서는 안 됩니다. 그러므로 보고 내용이 감정적인 오해를 불러일으켰다고 할지라도, 한 템포 쉬고 다시 상사에게 보고를 제대로 공손히 전달하는 것이 좋습니다.

그렇다면, 보고 후 지시를 받을 때는 어떻게 대처해야 할까요?

—————————— 우선 상사가 부르면 똑똑하게 대답하고 메모지를 준비하는 게 좋습니다. 만약 급한 일을 처리하고 있을 때는 "죄송합니다. 조금만 기다려주세요."라고 양해를 구하는 것이 좋습니다. 또한, 지시를 받을 때는 상사의 말을 끊지 않고 끝까지 경청해야 합니다. 상사가 지시 내용을 말하고 있는 도중에 의문사항이 있더라도 말을 중단시키지 않고, 일단 해당 내용을 메모한 뒤에 끝나고 질문하는 게 좋습니다. 메모할 때도 육하원칙에 따라 자세하고 명확히 기록하는 게 좋습니다. 특히 숫자, 지명, 인명, 고유명사, 금액, 날짜, 시간 등을 정확히 기록해야 후에 문제가 생겼을 때도 증거 자료로 제시할 수 있습니다.

/ 잘나가는 직장인의 커뮤니케이션은 다르다

지시 후 또다시 중간보고를 해야 할 경우에도 앞서 말한 보고 방법과 마찬가지로 진행합니다. 일을 완료 즉시 보고하는 것도 중요하고, 일이 장기간 이어질 것 같으면 미리 중간보고를 통해 진행 상황을 보고해야 합니다.

간단히 요령 있게 결론부터 말을 하고,
뒤에 이유와 과정을 설명하는 게 좋습니다.

간단한 구두보고라고 할지라도 메모를 해서 전달해야 할 내용을 빠짐없이 보고하는 게 중요합니다. 만약 지시한 사람이 자신의 직속 상사의 상사라고 할지라도, 보고는 직속상사가 아닌 지시를 내린 상사의 상사에게 직접 보고하는 것이 좋습니다.

중간보고를 할 때는 지시된 방침이나 방법으로는 일이 더는 진행이 힘들 때 혹은 곤란한 문제가 발생했을 때 하는 것이 좋습니다. 만약 이 과정에서 의견을 말할 때 자신의 견해라는 것을 분명히 밝히는 것이 좋습니다.

상사가 이름을 부를 경우, 즉시 명확하게 대답하고 메모를 준비하여 빠른 동작으로 상사의 자리로 갑니다. 이때 상사의 시선을 가리지 않도록 조금 옆으로 비켜서서 지시를 기다리는 것이 좋습니다.

상사의 지시 내용을 바르게 이해하는 것도 중요

상사의 지시를 받을 때는 요점을 간략히 메모하고, 지시를 받는 도중에는 불명확한 부분이 있거나 의문이 나는 부문이 있더라도 질문이나 의견 등을 내세우지 말고 상사의 지시를 끝까지 들은 뒤 지시가 끝난 후에 확인하는 것이 좋습니다.

지시사항을 듣고 메모할 때는 불분명한 점을 확인해야 합니다. 예를 들면, 전화번호, 날짜, 시간, 수량 등 숫자로 기억해야 할 사항은 기록해야 합니다. 이름, 회사명, 지명 등 고유명사 혹은 한자어 표기 같은 것은 실수하기 쉬우므로 메모가 꼭 필요합니다. 또 한편으로는 지시했다, 지시를 못 받았다 식의 문제 발생에 대비하기 위해서이기도 합니다.

두 가지 일을 함께 지시받았거나 한 가지 일이 끝나기 전에 또 다른 일을 지시받았을 때는, 먼저 처리해야 할 일이 무엇인가를 확인하여 추진하도록 합니다. 상사에게 지시를 받았는데 다른 상사가 지시하게 되면 직위 고하를 불문하고 나중에 지시한 상사에게 사정을 말하고 조정해 받도록 하면 되고, 절대 자신의 마음대로 일의 우선순위를 정해서는 안 됩니다.

또한, 기일 내에 지시 사항을 이행하지 못할 때에도 그 사정을 상사에게 보고해야 합니다. 이런 경우에 단순히 "늦어지겠습니다."라고 말하기보다는 늦어지는 원인이 무엇인지, 얼마만큼 늦어질 것 같은지, 어떻게 대처할 것인지 3가지 사항에 대해 명확하게 정리해 보고해야 합니다.

사실 사회생활이라는 것이 직장에서 이루어지는 만큼, 모든 업무가 지시와 명령에 따라 진행됩니다. 그래서 그만큼 보고의 과정이 매우 중요한 것이죠. 지시와 보고는 조직 운영의 필수 조건이고, 지시가 내려지면 이에 대한보고도 반드시 뒤따라야 합니다.

특히 자신의 판단만으로 일을 진행시키기 어려운 신입사원에게는 상사의 지시와 명령을 의도대로 수행하는 것이 매우 중요하고, 상사로부터 지시와 명령을 받았을 때 애매하게 이해한 채로 일을 시작하면 나중에 상사

/ 잘나가는 직장인의 커뮤니케이션은 다르다

가 의도한 것과 달라서 애써 해 놓은 게 소용없게 되거나, 다시 하려고 해도 시간이 없어 못 하게 되는 등 돌이킬 수 없는 사태가 벌어지므로 그 요령을 터득하는 것 또한 중요한 일입니다.

스마트한 직원의 보고(브리핑)는 다르다

1 지시한 사람이 무엇을 원하는지 파악하라

- 보고의 목적이 무엇인지 정확히 파악하고, 보고해야 할 핵심내용을 구성할 때 상사의 입장이 되어 고민해보고 정리하라.

2 인정받는 보고의 3가지 기준을 명심하라

❶ 신속성 : 프로젝트 진행 시 발생하는 이슈에 대해 신속하게 보고해야 다음 단계 추진 방향을 빠르게 설정하고 문제점에 대해서도 개선안을 마련할 수 있다.

❷ 객관성 : 객관적 사실과 보고자의 의견을 명확히 구분해 보고해야 한다. 말하기 꺼려지는 부분이 있다고 하더라도 사실을 있는 그대로 보고해야 문제가 확대되는 것을 방지할 수 있고, 개인적인 의견이 강조된 보고의 경우 상사의 임무파악에 혼선을 초래할 수 있으므로 객관성을 유지하는 것이 중요하다.

❸ 융통성 : 사안에 따라 또는 이슈 발생 시기에 따라 중간보고가 필요하다. 장기간 진행되는 업무가 아니더라도 시기적절한 중간보고는 업무추진 효율 증대에 도움을 준다. 업무 진행 상황 판단에 따른 융통성을 발휘할 수 있어야 한다.

3 통하는 보고를 위한 팁

❶ 자주 질문하라 : 보고를 지시받고 상사가 알고 싶은 요지를 정확히 인지하지 못했다면 꼭 질문을 통해 확인하라. 보고의 방향과 포인트를 정확히 하기 위해 상사에게 자주 질문하면서 의도를 파악해야 한다.

❷ 논리적으로 구성하라 : 보고 전에 보고 내용에 대한 정보를 충분히 수집

하고 자료 역시 완벽하게 준비하자. 객관적 데이터를 자료로 보고하면 보고에 대한 신뢰감이 높아진다. 또한, 상사가 질문할 것이라 예상되는 사항에 대해서도 답변을 미리 준비해 두는 것이 좋다.

❸ 요약해서 말하라 : 간단명료하게 내용을 요약해 말해야 한다. 보고의 요지를 서두에 간결한 문장으로 말하고 상세하게 풀어가는 형식을 취하면 이해도가 높아질 뿐만 아니라 보고자의 발언에 집중하게 되는 효과가 있다.

❹ 상사의 성향을 파악하라 : 보고를 받는 상사의 취향에 잘 파악하는 것도 센스 있는 직원이다. 구두보고를 좋아하는 상사도 있고 또 사안에 따라 이메일을 통해 보고하기를 원하는 상사가 있을 수 있다. 객관적 수치를 명시하는 것을 좋아하는 상사도 있고 보고하는 직원의 의견을 듣기 좋아하는 상사도 있다. 이렇게 상사의 취향에 따라 보고방식을 달리한다면 더욱 스마트한 직원으로 평가받을 수 있다.

❺ 해결 방안까지 제안해 보자 : 문제 상황에 있는 업무의 보고나 이슈가 발생할 여지가 있는 업무를 맡았다면 반드시 해결 방안을 고민해보라. 문제점과 원인을 분석해 보고하는데 그치지 않고 대안을 함께 제시한다면 상사는 보고의 기본을 갖춘 직원이라고 생각할 것이다.

❻ 지적은 겸손한 태도로 받아들여라

보고 시 활용하면 좋은 PERP기법 @
① Point : 핵심 메시지인 포인트, ② Reason : 주장하게 된 이유, 주로 주관적인 근거, ③ Example : 뒷받침할 수 있는 객관적 데이터, 사례, ④ Point : 주장 한 번 더 언급해 강조

보고 시 활용하면 좋은 2W1H기법 @
① Why : 배경 목적 주제, ② WHAT : 핵심내용 결론, ③ HOW : 실행 방법

대한민국 직장인 스피치 교과서

잘나가는 직장인의 커뮤니케이션은 다르다

알아두면 쓸모있는
직장인 상황별
대화법

주도형 D

사교형 I

신중형 C

안정형 S

마르스톤 박사는
인간이 자신을 둘러싼 환경을 어떻게 인식하는지,
또 그 환경 속에서 자기 개인을 어떻게 인식하는지에 따라
크게 4가지 형태로 행동을 달리하게 된다고 생각했습니다.

01

직장 내 의사소통의 위기 갈등과 문제

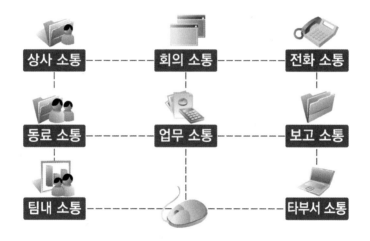

———————————— 지금까지 '직장 내 커뮤니케이션'을 살펴보면서
확인한 바와 같이 우리에게 '직장'은 어떤 의미일까요? 대부분 기업이나
조직은 아무래도 '경제적 이익'을 목표로 하기 때문에 직장인 역시 자신이
몸담은 회사에 이익을 가져다줄 수 있도록 주어진 업무를 수행하게 됩니

다. 특히 직장인에게 '직장'은 일상생활의 80% 이상을 보내는 곳이기 때문에 이 안에서 의사소통하는 과정 역시 매우 중요합니다.

즉, 직장 내 의사소통은 직무 수행을 위해서도 중요하지만, 직장 역시 사람들이 모여 구성된 사회이기 때문에 직장인 간의 대인관계 형성과 유지, 발전 등에도 매우 중요한 것이죠. 구성원 간 활발한 의사소통은 정보교환을 원활하게 해주고, 서로 간의 이해를 촉진시키고 직무 의욕을 불러일으킴으로써 직무 성과를 높이고 구성원 상호 간의 이해도를 높일 수 있습니다. 그럼에도 불구하고 필자가 방송사를 떠나 4년 넘게 조직생활을 할 때 가장 많이들었던 말은 아이러니하게도 "회사 사람은 어디까지나 회사 사람이다."였습니다.

직장 내 커뮤니케이션은 일상 대화와는 다른 특성을 지니고 있고, 문화, 조직 구조, 조직 문화 등에 따라 대화 양상에 차이가 있습니다. 직장 내 대화에서 발생하는 갈등의 문제는 단순히 언어적 의사소통의 문제로 국한해 살피기 어려운 경우도 여기에 있는 것이죠. 직장 내 대화는 대화 참여자 개인이 지닌 성향, 직장의 조직 문화, 다양한 가치관 등이 복잡하게 얽혀 있고, 근본적으로 회사의 이익과 관련한 업무 처리를 일차적인 목적으로 처리하기 때문입니다. 이런 점에서 직장 내 커뮤니케이션에서 발생하는 근본적인 갈등을 쉽게 해결할 수 없는 이유도 여기에 있습니다.

아마 대부분 직장인은 직장생활을 하며 동료들과 좋은 인간관계를 유지하면서도, 업무를 잘 수행해 능력을 인정받고 승진을 해 더 높은 지위를 얻고 경제적으로 윤택해지기를 바랄 것입니다. 이렇게 대부분 직장인이 원하는 것을 성취하기 위해서는 업무 수행이든 구성원 간의 유대든 효과적인 커뮤니케이션을 하지 않고는 불가능합니다.

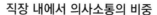

직장 내에서 의사소통의 비중

11%

직장 내에서
의사소통의
비중

89%

■ 의사소통   ■ 기타

　실제로 아레돈도(L. Arredondo)가 진행한 연구에 의하면, 직장인 대부분이 대부분 시간을 커뮤니케이션하는 데 사용하는 데, 조직 내에서 이뤄지는 일의 약 89%는 의사소통의 문제로 이루어져 있다는 것을 확인할 수 있습니다(전은주, 직장 내 의사소통의 양상과 개선 방향, http://www.korean.go.kr/nkview/nklife/2018_1/28_0102.pdf).

　물론 직장 내에서 발생하는 커뮤니케이션의 대부분은 업무 대화, 회의, 발표, 토론 등 다양한 담화의 유형이 있지만, 그중에서 아무래도 대화가 가장 높은 비율을 차지하고 있습니다. 직장 내 커뮤니케이션은 직무 수행과 직장인의 직무 만족에 밀접한 연관이 있기 때문에 커뮤니케이션에 문제가 있으면 원활한 업무수행이 어려울 수 있죠. 이 때문에 직장 내 인간관계 역시 원만하지 못해 직무 만족도 역시 떨어져 적응이 어려울 수 있습니다.

　직장생활과 사회생활은 혼자만 잘해서는 성과를 내기도 어렵고, 개인적인 성취를 달성하기도 어렵습니다. 직장은 다양한 수직적, 수평적 관계가 혼합된 다층 다각화된 조직이기 때문이죠. 또한, 업계와 업종을 불문하고 기본적으로 팀워크를 기반으로 하는 조직적 특성이 있기 때문에 주변 사람들과의 커뮤니케이션 없이는 일을 진행할 수 없기도 합니다. 따라서 조직 내의 커뮤니케이션이나 구성원들의 조직생활 능력은 그 조직의 능률성과 밀접한 관련이 있죠.

이번 장에서는 회사 내에서 일어날 수 있는 각종 상황을 커뮤니케이션 상황별로 살펴보고, 이를 위한 적절한 스피치 방식은 무엇인지 살펴보겠습니다.

02
직장 내 상황별 똑똑한 대화법

부탁할 때

> "잠깐 시간 좀 내줄 수 있어?
> 실은 좀 부탁할 게 있어. 조금 도와주면
> 내가 일을 더 금방 끝낼 수 있을 것 같은데."

───────────── 직장생활을 조금이라도 해본 적이 있다면, 이런 부탁을 받아본 적 있을 것입니다. 부탁하는 사람 입장에서는 정중하게 부탁했다고 하겠지만. 어쩐지 듣는 사람 처지에서는 부탁을 받는 게 아니라 마치 명령을 듣는 것과 같은 기분이 들 때가 있죠. 저기서 말하는 '잠깐'이 어느 정도를 말하는 것인지, '조금' 도와주는 것은 어느 정도를 말하는 것인지 정확하지 않으니 바로 수락하기도 모호합니다. 그리고 사실 저런 식의 부탁은 반복되다 보면 별로 들어주고 싶지 않은 기분이 들기도 하죠.

만약 상급자의 부탁이 아닌 동료끼리의 부탁에서도 마찬가지입니다. 예를 들어, 동료가 "일 다 끝냈지? 마침 잘 됐다. 나 좀 도와줘. 언제까지 마감해야 하는데, 가능한 빨리해주면 진짜 좋겠어." 라는 식의 부탁을 해도 앞선 상황과 마찬가지 기분이 들곤 합니다.

아무리 상황이 급하더라도 부탁을 해야 하는 상황이라면, 적어도 '마침 잘 됐다.', '가능한 빨리해주면 좋겠다.'라는 식의 표현은 불쾌한 기분마저 드는 것이죠. 물론 반대의 경우도 마찬가지입니다. 위 상황을 보고 언젠가 동료나 아랫사람에게 저런 식으로 부탁했던 적은 없는지 한 번 돌아봐야겠습니다.

그렇다면, 직장생활에서 한 번쯤은 '부탁'을 해야 할 경우가 발생할 텐데 어떻게 커뮤니케이션을 하는 게 좋을까요? 부탁하는 당사자도, 부탁을 받는 상대방도 서로 감정적으로 다치지 않으면서도 부탁을 들어줄 수밖에 없게 만드는 커뮤니케이션은 어떻게 하는 걸까요?

❶ 부탁을 '강요'하는 느낌이 들게 하지 않는 것이 중요합니다.

부탁이라는 것은 어쨌든 상대방이 '수락'을 해야 해서 당연히 강요받는 기분이 든다면 어떤 사람도 도와주려 하지 않을 것임은 분명하죠. 그래서 부탁을 받는 상대방의 입장을 고려해 기분 좋게 'YES'를 받기 위해서는 먼저 상대방이 거절할 수 있다는 것을 인지하고 부탁하는 것이 좋은 방법입니다. 즉, 상대방이 '거절'할 수 있다는 것도 이해하고 그 역시 존중해야 한다는 것입니다.

❷ 부탁하는 '내용'과 상대방에게 바라는 '행동'을 분명히 전해야 합니다. 앞선 멘트처럼 모호하게 '조금', '잠깐' 등의 표현을 한다면 상대방 측면에서도 대답하기 난감할 것입니다. 이런 점을 고려해서 '무엇을', '언제까지', '왜 부탁을 해야 하는지.' 등을 정확하게 알려주고 상대의 대답을 기다리는 것이 좋습니다. 부탁의 내용이 분명하다면 부탁을 받는 상대방 처지에서도 부탁을 받아들일지 말지 판단을 내리기 쉬울 수 있습니다. 여기에 부탁하기 전에, 상대방을 칭찬하는 멘트 하나 정도를 더 추가한다면, 상대방의 기분까지 좋게 만들면서 'YES'를 받아낼 수 있죠.

예를 들어 보겠습니다.

"지난번 회의 시간에 발표한 기획안 내용이 좋더라. 그 프로젝트가 성공한다면 정말 멋질 것 같아. 그래서 말인데 혹시 내 기획안 어떤지 한번 봐줄 수 있을까? 그리고 피드백도 부탁할게. 업체에 화요일까지 보내주기로 했는데 어떤지 감이 안 와서 한번 검토해주고 피드백을 월요일까지 준다면, 정말 도움이 될 것 같아. 이해하는 데 더 필요한 자료가 있다면 내가 준비해볼게."

이런 식으로 부탁할 때 상대방을 칭찬한다면, 그리고 부탁의 내용이 더욱 구체적이라면 상대방의 입장에서도 기분 좋게 'YES'를 할 수 있죠. 부탁하면서 자신은 다른 일을 하는 게 아니라, '나도 돕겠다.'라는 점을 충분히 보여주고 있기 때문에 상대방 처지에서는 일거리가 더 많아진다는 느낌을 받지 않을 수도 있습니다. 특히 이 과정에서 간과해선 안 되는 점이 있습니다. '부탁을 들어줌으로써 상대방이 얻을 수 있는 이익'이 있다는 점도 충분히 어필하는 것이죠.

역으로 생각해보면 이해하기가 더욱 쉽습니다. 자신이 상대방의 부탁을 받는다고 가정하면, 아무래도 일거리가 더 늘어난다고 생각할 수 있습니다. 그런데 그 부탁을 들어줌으로써 나에게도 이익이 돌아온다고 생각하면 일을 받아들이는 데 훨씬 수월할 것입니다. 또한 부탁을 받아들인 상대방에게 '감사 인사'를 해야 한다는 것은 절대 잊어서는 안 됩니다. 만약 상대방이 내 부탁을 거절했다고 하더라도, '생각해봐줘서 고맙다.', '감사하다.'라는 말 한마디를 잊어서는 안 됩니다. 이 작은 한 마디의 고마움 표현이 다른 부탁을 했을 때 흔쾌히 수락할 수 있는 계기가 될 수 있기 때문입니다.

❸ 부탁의 내용을 분명하게 '결론'부터 전달하는 것이 중요합니다. 부탁하기를 주저하고 망설이다가 서두에 말을 장황하게 한 적이 있을 것입니다. 부탁해야 하는 경우는 대부분 상황이 심각하고, 마감이 임박한 경우가 많기 때문에 서두를 장황하게 시작한다면, 상대방으로부터 'YES'를 받아내기 어려울 것입니다. 부탁하는 말이나 글의 핵심이 되는 내용을 깔끔하고 분명하게 전달하기 위해서라는 '결론'과 '핵심'을 먼저 이야기하는 것이 중요합니다.

거절할 때

앞선 상황에서 '부탁'과 관련한 커뮤니케이션을 확인했습니다. 그렇다면

/ 잘나가는 직장인의 커뮤니케이션은 다르다

이번에는 '거절하는 상황'에선 어떻게 매끄러운 커뮤니케이션을 할 수 있을지 알아보도록 하겠습니다. 부탁을 받았을 때 센스 있게 거절하는 방법을 알고 있어, 서로 감정적으로 다치지 않으면서 자연스럽게 상황을 넘길 수 있다면 정말 좋겠죠.

❶ 센스 있는 거절법의 첫 번째는 바로 '경청'이라 할 수 있습니다.

상대방의 이야기를 끝까지 들어주는 것이 그 시작이죠. 예를 들어, 부탁하는 상대방 처지에서 부탁한다는 그 자체만으로도 굉장히 부담을 느낄 수 있습니다. 그럼에도 불구하고 부탁을 할 수밖에 없는 상황이기 때문에 용기 내 말을 건넨 것인데, 그 말을 듣자마자 "죄송해요. 제가 바빠서요."라고 거절을 해버린다면 상대방 처지에서는 굉장히 무안할 것입니다. 그뿐만 아니라 상대방에 대한 예의도 아니고, 이후 직장 내에서 이미지나 평판에도 좋지 않을 것입니다.

설사 부탁을 하는 상대방이 맘에 들지 않아 그 내용을 듣지 않아도 거절부터 하고 싶더라도 일단 속마음을 숨기는 것이 중요합니다. 무슨 이유로 상대방이 부탁하는지, 왜 그 사람이 나한테 부탁하는지 그 나름의 사정을 끝까지 '경청'해야 합니다. 그리고 그 부탁을 정말로 들어줄 수 있는지 없는지 파악합니다. 이 과정에서 당연히 내 업무가 우선해야 합니다. 일의 우선순위를 볼 때 상대방의 부탁을 들어줄 여유가 있는지 파악하는 것이 중요합니다. 만약 여유가 있다면, 상대방의 부탁을 들어주는 것이 좋습니다. 그래야 자신이 급할 때도 상대방에게 도움을 받을 수 있기 때문이죠. 하지만 지금 하고 있는 내 업무가 너무 많고 부탁을 들어줄 수 없다면, 요령껏 거절하는 방법이 중요합니다. 그 시작이 바로 '경청'하는 것입니다.

❷ 다음으로 상대방에게 거절할 수밖에 없는 자신의 사정에 대해 말합니다. 단순히 거절을 표현하기보다는 밀린 업무가 많다거나 자신이 할 수 없는 업무의 영역이라고 말하면서 완곡하게 거절하는 것이죠. 여기서는 거절의 이유가 구체적이고 분명해야 합니다. 즉, 상대방이 납득할 만한 이유로 거절해야 상대방도 이해하고 감정적으로 상처받지 않을 수 있습니다. 물론 자신의 '평판'과 '이미지'를 위해서도 이 방법이 좋습니다. 센스 있는 거절 방법이라는 것이 어려운 것이 아닙니다. 상대방으로부터 거절을 당할 때 기분 나쁘지 않고 싶듯이 상대방도 같은 심정이라는 것을 이해하고, 상대를 배려하는 것이죠. 완곡한 거절과 함께 상대방에게 좋은 해결 방법을 준다면 관계가 어색해지지 않을 좋은 방법이기도 합니다.

❸ 거절을 표현할 때는 '안 돼', '안 되겠어.'라고 표현하기보다는 거절할 수밖에 없는 '구체적인 이유'를 먼저 알려주고 그다음에 완곡한 거절을 표현하는 것이 좋습니다. 예를 들어, "생각해봤는데, 내가 다른 프로젝트를 진행 중이라 그 업무를 할 수는 없을 것 같아. 미안해."라고 말하거나 "정말 도와주고 싶은데, 나도 보고서가 다음 주 수요일까지 마감이라 부탁을 들어주기 힘들 것 같아. 어쩌지…."라는 식으로 부드럽게 표현하는 것이죠. 자신의 평판과 이미지를 잘 지키면서 거절의사를 완곡하게 표현한다면 더할 나위 없이 센스 있는 거절 방법이라 할 수 있습니다.

자기 업무만으로도 매우 힘들고 벅찬 상황에서 부탁을 무조건 들어주는 것은 좋지 않습니다. 거절하지 못해서 덜컥 부탁을 들어주었다가 결국 일을 마무리 짓지 못한다면 최악의 평판을 얻을 수 있습니다. 부드러운 표현을 통한 센스 있는 거절 방법은 비즈니스 매너의 한 부분으로 여겨지는 것도 바로 이런 이유 때문입니다. 자신의 상황에 맞게 적절한 업무 조절을 하면서 부탁을 들어주어야 상대방의 평가도 지켜줄 수 있습니다. 이런 점에서 거절해야 한다면 빠르고 분명하게 하는 것이 좋습니다. 거절한 것인지 아닌지를 알 수 없는 표현으로 대답한다면 상대방 처지에서는 자신의 부탁을 받아들인 것이라 오해할 수 있기 때문입니다.

아마 직장생활을 하면서 빠르게 거절하지 않고 시간 끌기를 하는 동료나 상사 혹은 아랫사람을 본 적 있을 것입니다. 센스 있는 거절 방법을 알지 못해 '생각해 보겠다.'라는 식으로 시간을 버는 것이죠. 난감한 그 상황을 어떻게든 벗어나기 위해 혹은 벌어놓은 시간 동안 어떻게 거절할지 고민하기 위해 그런 방법을 선택한 것입니다. 하지만 상대방은 당신이 받아들인 것으로 생각하거나 혹은 다른 사람에게 부탁할 생각은 하지 않고 마냥 기다릴 것입니다. 난감한 상황을 탈피하기 위해 시간을 버는 방법은 좋지 않습니다. 이럴 때는 애매하게 거절하기보다는 분명하게 거절하는 것이 좋으며, 거절하는 대신 상대방에게 해줄 수 있는 것이 있다면 그것을 제시하는 것이 좋습니다. 이를 위해서는 자신이 무엇을 해줄 수 있는지 고민하는 과정도 필요합니다.

직장생활을 하면서 센스 있게 거절하는 방법을 터득했다면 사회생활을 아주 잘하고 있다고 생각해도 좋습니다. 그만큼 사회생활을 하는 데 있어 '거절'을 하는 커뮤니케이션 과정은 어렵기 때문이죠. 센스 있는 거절 방법을 위해 원칙을 다시 한 번 유념해야 합니다.

일단 거절을 할 때는 그 일을 '왜' 할 수 없는지 분명히 밝혀야 하며, 그다음 당신이 해줄 수 있는 것이 있다면 그 '대안'을 제시하는 것이죠. 예컨대 "그 일은 내가 할 수 없는 영역인 것 같습니다. 대신 내일 오후까지 시간을 주신다면 가지고 있는 자료 중 관련 자료가 있는지 확인하고 보내드리는 건 할 수 있을 것 같습니다."라는 식으로 커뮤니케이션을 하는 것입니다.

센스 있는 거절을 위해서는 ❶ 상대방의 부탁을 끝까지 경청할 것, ❷ 분명하게 거절의사를 밝힐 것, ❸ 거절을 할 수밖에 없는 이유를 알려주고, 도와줄 수 있는 부분이 있다면 그 대안을 제시할 것. 이 3가지를 명심해야 합니다. 3가지를 분명히 숙지하고 있다면 적어도 직장생활을 하면서 거절을 하면서도 자신의 이미지와 평판을 잘 지킬 수 있을 것입니다.

상사로부터 질책과 지적을 당할 때
혹은 아랫사람을 질책할 때

상사로부터 질책과 지적을 당할 때

직장생활을 하면서 상사로부터 질책이나 지적을 당하는 경우는 수도 없이 많이 경험해 보았을 것입니다. 프로젝트를 진행할 때, 발표를 할 때, 실적을 확인할 때 등 수없이 많은 평가의 상황 속에서 상사로부터 질책과 지적을 받는 것이죠. 이런 상황에서는 어떤 사람이라도 감정적으로 다치기도 하고, 억울한 평가로 인해 상사와 대립하는 경우도 있을 것입니다. 하지만 직장생활을 쉽게 그만둘 수도 없는 상황으로 인해 대부분 직장인은 감정을 그대로 표현하지 못하고 삭히는 것이죠. 이런 상황에서도 상사의 신임을 잃지 않고, 자연스럽게 커뮤니케이션을 할 수 있는 방법은 무엇일까요?

우선 상사의 평가에 일희일비(一喜一悲)하지 않는 것이 중요합니다.

아마 직장 내에서 커뮤니케이션을 할 때 가장 두렵고 어려운 상대는 상사일 것입니다. 특히 상사가 자신의 업무에 대해 어떻게 평가하느냐에 따라 인사고과가 결정되기 때문이죠. 그래서 상사의 칭찬 한마디에 기분이 좋다가도, 상사의 질책과 지적에 풀이 죽기도 합니다. 그런데 이런 상황에서 중요한 것은 상사의 칭찬이나 질책에 일희일비하지 않아야 합니다. 특히 질책을 당할 때 감정적으로 중립을 지키는 것이 중요합니다. 상사가 꾸짖고 나무랄 때 너무 위축될 필요가 없다는 것도 분명히 알고 있어야 하죠.

사람 성향에 따라 어떤 사람은 상사의 질책으로 위축되어 실수를 반복하게 되는 경우도 있고, 어떤 다른 사람은 상사의 꾸짖음도 쿨하게 받아들이는 사람이 있을 수 있죠. 하지만 위축되지 않고 질책을 듣더라도 담담하고 담대하게 넘어갈 줄 알아야 합니다. 만약 상사의 지적이 억울한 측면이 있더라도 일단은 상사의 말이 끝날 때까지 기다리고, 잘못 알고 있는 부분에 대해서는 분명히 말해야 합니다.

물론 그러한 상황에서는 감정적인 커뮤니케이션을 해서는 안 되며 상사가 잘못 알고 있는 '사실' 그 자체에 대해 주관적인 감정을 배제하고 분명히 밝힐 수 있어야 합니다. 어떤 부분을 상사가 잘못 알고 있는지, 그리고 왜 그런 오해가 생긴 것인지, 충분히 상사가 그렇게 이해할 수 있는 측면이 있다는 것도 인정하면서 부드럽게 말을 표현한다면 상사와의 커뮤니케이션 과정에서 서로 다치지 않을 수 있을 것입니다. 또한, 상사의 지적이 합당하다면, 상사의 발언을 통해 업무적으로 고쳐야 할 부분은 뭐가 있는지 살펴보는 과정도 필요합니다. 만약 아무리 생각해도 이해할 수 없다면, 상사에게 직접 물어보는 것도 하나의 방법이 될 수 있습니다. 혹은 나와 같은 시행착오를 겪은 선배가 가까이 있다면 조언을 구하는 것도 좋은 방법입니다.

> 반대로 자신이 아랫사람을 질책하거나 지적해야 하는 상황에서는
> 어떻게 커뮤니케이션을 해야 할까요?

아랫사람을 질책할 때

직장생활의 대부분은 아마 팀워크로 진행될 것입니다. 혼자 할 수 있는 일도 분명히 있겠지만, 동료나 상사 혹은 아랫사람과 함께해야 하는 일이 절대적으로 많은 상황이죠. 그런데 만약 자신이 리더가 되어 어떤 프로젝트를 이끌어야 하는 경우, 아랫사람을 지적하고 질책해야 하는 상황에서 어떻게 하면 팀 분위기를 매끄럽게 유지하면서 커뮤니케이션을 할 수 있을지 살펴보겠습니다.

우선 아랫사람에게 무조건 질책이나 지적을 하기보다는 긍정적인 피드백을 먼저 한 후 질책해야 하는 부분을 언급한다면 원활한 커뮤니케이션을 할 수 있습니다. 아랫사람 입장에선 가뜩이나 상사와의 대화가 어렵고 두렵기도 합니다. 그런 상황에서 감정적으로 격한 질책이나 부정적인 피드백을 듣는다면 더욱 경직되고 업무적으로도 자신감을 많이 잃을 수 있죠. 이런 점을 고려해 아랫사람에게 지적해야 한다면, 우선 긍정적인 피드백을 먼저 언급해 자신감을 북돋아 주고, 필요한 부분에 대해 조언하는 것이죠. 긍정적인 피드백은 자신의 강점을 더욱 강화하게 되어 장기적인 성

과 달성에 도움이 됩니다. 또한, 긍정적인 팀 분위기를 형성해 성과도 더욱 높아질 수 있습니다.

더 나아가 긍정적인 피드백과 부정적인 피드백을 적절한 비율로 조합하고, 사람을 직접 비판하거나 공격하지 말고 문제 자체에 집중하는 것도 좋은 방법입니다. 고쳐야 할 점이나 팀을 위해 분명하게 짚고 넘어가야 하는 부정적인 측면이 있다면 이를 정확히 지적해야 합니다. 여기서 중요한 점은 "너는 이런 것도 못하니?"라고 평가적 발언을 하기보다는 '문제 사실' 그 자체에 대한 피드백을 주는 것이죠.

특히 이 과정에서 주의해야 할 점은 '기분 나쁠 만한 비유'를 사용하지 않아야 합니다. 비유를 통해 표현하면 생동감 있고, 쉽게 어떤 느낌인지 알 수 있습니다. 그래서 흥미를 불러일으키기도 쉽습니다. 그러나 대상의 특징을 예를 들어 설명하는 데 비유를 사용하게 되면 상대방에게 상처를 줄 수 있습니다. 비유를 들어 지적하게 되면 상대방의 감정을 자극하게 되고 관계가 더 악화될 수 있는 것이죠. 예컨대 "초등학생도 하지 않는 실수다. 초등학생도 이 정도면 내가 무슨 말을 하는지 알아들었겠다."라고 표현하면, 듣는 사람 처지에서는 감정적으로 상처가 될 수 있고 반발심만 더 생길 수 있습니다. 그래서 상대방에게 질책할 때는 심한 비유를 하지 않고, 지적 수위를 낮춰 말해야 합니다.

이런 점을 바탕으로 질책할 때는 2가지를 유념해야 합니다.

❶ 평가하기보다는 상황 자체를 말합니다.

❷ 막무가내로 비난하기보다는 객관적인 사실에 기반해 지적합니다.

사과할 때

다음으로 우리가 직장생활을 하면서 자주 하는 커뮤니케이션은 바로 '사과'를 할 때입니다. 업무적인 실수로 인해, 혹은 마감 기한을 지키지 못해 혹은 정확하게 지시내용을 이해하지 못할 때 등 직장생활에서 사과하게 되는 경우는 셀 수 없이 많죠. 그런데 사과에도 센스 있는 사과 방법이 있습니다. 무조건 '미안하다. 죄송하다.'라고 표현하는 것은 좋지 않습니다. 그렇다면 어떤 사과방법이 좋은 걸까요?

우선 사과할 때 어떤 실수에 대해 사과하고 있는지 분명히 말해야 합니다. 본인은 나름대로 진심을 다해 '죄송하다. 미안하다.'라고 말하겠지만, 상대방은 그 말을 듣고 싶은 것이 아니라 어떤 실수에 대해 사과하고 있는지 왜 사태가 이렇게 되었는지를 알고 싶습니다. 만약 업무 실수로 인해 사태를 수습해야 한다면, 무조건 사과를 하는 모습은 별로 도움이 되지 않습니다. 무엇이 문제인지, 어떤 실수를 한 것인지, 어떻게 사태를 수습해야 할지에 대한 구체적인 내용이 있어야 사과를 받는 사람도 이해할 수 있습니다. 그냥 "죄송합니다."라는 말만 한다면 듣는 상대방은 '사과만 하고 책임은 회피하려는 건가?'라는 생각이 들 수도 있죠.

만약 실수를 저질렀다면 진지한 태도로 진심을 담아 사과해야 합니다. 자신의 실수로 인해 상대방이 피해를 보았다면, 죄송한 마음을 담아 솔직하게 표현하는 것이 중요하죠. 그다음으로 어떤 실수에 대해 사과하고 있는 것인지, 무엇을 반성하고 있는지 분명히 밝히는 게 중요합니다. 단지 '말'로만 사과하는 것이 아니라 미안한 마음을 행동으로 보여주고, 자신의 실수로 인해 벌어진 사태를 최소한으로 막아야 합니다. 이미 사태가 최악

/ 잘나가는 직장인의 커뮤니케이션은 다르다

으로 벌어진 단계에서 어떤 수습을 할 수 있을지 그 타이밍에 따라 다르겠지만, 말만 사과해서는 설득력을 잃을 수 있습니다.

따라서 "이런 조처를 하겠습니다." 혹은 "사태를 수습하기 위해 이런 방법을 생각했는데, 진행해도 괜찮을까요?"라고 물어보고 확인하는 것이 좋습니다. 만약 상대방에게 협조를 받아야 할 부분이 있다면 혼자서 끙끙거리다 해결을 지체시키지 말고 솔직하게 도움을 구해야 합니다.

팀워크를 고취 시켜야 할 때

만약 당신이 다수의 아랫사람을 데리고 있는 상급자의 위치에 있다면, 팀워크를 고취하고 팀원들의 사기를 진작시킬 만한 커뮤니케이션 방법은 무엇인지 고민해 본 적이 있을 것입니다. 특히 회사가 유독 이런 부분에 있어 미숙하거나 커뮤니케이션 문화가 잘 잡혀있지 않다면 더욱 어려움을 겪을 수 있죠. 공동의 목표를 달성하기 위해 업무만 몰아칠 수는 없고, 팀원들의 사기를 진작시키면서 서로 원활하게 목표를 이루어야 하는데, 원활한 커뮤니케이션을 하지 않고는 쉽지 않기 때문이죠. 이런 상황에 처해 있다면, 과연 좋은 방법은 무엇이 있을까요?

일단 구성원들이 커뮤니케이션을 할 수 있도록 환경을 조성하는 것이 좋습니다. 팀원들이 협업할 수밖에 없는 팀워크 활동을 하는 것이죠. 예컨대 업무가 끝난 후 술자리를 갖기보다는 '볼링'이나 '스크린 골프' 등 스포츠 활동을 통해 팀워크를 돈독히 다질 수 있는 계기를 마련하는 것이죠. 이 과정에서 서로 동료애가 생길 수 있고, 또 업무 과정에서 갈등이 있었더라도 쉽게 해결할 기회가 될 것입니다. 또한, 이를 통해 팀원들 간에 관계를 쌓고 소통 능력을 개선하는 데 도움이 될 수 있습니다.

특히 상사는 이런 활동을 할 때 혹은 일상적인 업무 과정에서 '긍정적인 피드백'이나 '칭찬 한마디' 등을 할 수 있도록 하는 것이 좋습니다. 앞서 말한 것처럼 긍정적인 피드백은 직원들의 강점을 강화하는 효과가 있습니다. 상사로부터 업무적으로 인정받고 있다는 기분이 든다면, 자신감도 생기고 팀원들 사기가 진작되어 궁극적으로 팀워크도 향상될 수 있죠.

또한, 아랫사람들의 이야기를 끝까지 경청하고 치열하게 논쟁하는 것도 팀워크를 향상할 수 있는 좋은 방법입니다. 조직 내 다양한 의견에 대해 경청을 하고 이견 조율을 하는 것은 상급자의 기본적인 책무입니다. 예를 들어 아랫사람이 어렵게 아이디어를 제안했다면, 이마저도 끝까지 경청하고 신중하게 판단하는 것이죠.

팀워크를 고취하기 위해서는 진심을 담아 마음을 구체적으로 표현하는 것도 중요합니다. 누차 언급했던 것처럼 긍정적인 표현은 커뮤니케이션에서 매우 중요한 요소입니다. 또한, 진심으로 상대방의 마음을 생각하면서 칭찬해주고 특히 칭찬 시 아랫사람의 '어떤 행동'과 '어떤 성과'를 '어떻게' 평가하고 있는지 구체적으로 표현하게 되면 금상첨화라 할 수 있습니다. 상대방이 진심을 느낄 수 있는 구체적 포인트를 찾을수록 그 힘은 더욱 배가될 것입니다.

그런 다음 관련자들의 반응을 전하는 것도 중요합니다. 예를 들어, "조 대리, 이번 기획안에 대한 칭찬이 자자해. 임원회의에서도 자네 기획안에 대해 사장님까지도 긍정적으로 평가하시더라."라고 말하는 것이죠. 이렇게 진심 어린 칭찬과 긍정적인 피드백을 지속해서 한다면, 팀원들의 사기가 올라갈 뿐만 아니라 팀워크 역시 함께 고취될 수 있습니다. 또한, 이 상황에서 단순히 칭찬으로 끝내기보다는 이런 점을 업무에 어떻게 활용하면 훨씬 더 크게 성장할 수 있다는 식으로 조언해준다면 칭찬을 듣는 상대방 입장에서도 훨씬 더 그 조언이 진정성있게 들릴 것입니다.

조직 활성화를 위한 D.I.S.C 활용 방법

이 세상 사람들은 크게 나와 합이 잘 맞는 사람과 그렇지 않은 사람으로 나누어 볼 수 있습니다. 생각해 보면 지금껏 각종 조직 내에서는 자신과 합이 유독 잘 맞는 유형의 사람들이 있었을 것입니다. 또, 그와 반대로 사소한 일로도 자주 마찰이 생기고 갈등이 잦았던 유형의 사람들도 있었을 것입니다. 전자와는 대화도 잘 통하고 눈빛만 보아도 서로가 이해가 되지만, 후자의 사람들을 대할 때에는 상대방이 잘 이해가 되지 않고, 대체 무슨 생각을 하는 것인지 답답하게 느껴본 경험이 있을 텐데요.

우리는 성장 과정에서 자신이 속한 조직 내에서 계속 그와 같은 상황을 맞닥뜨려가며 명확하지는 않아도 어렴풋하게나마 나와 잘 맞는 사람과 그렇지 않은 사람들을 대체로 빠르게 구분하는 것을 체득하고 그에 대해 서로 다른 응대법 등을 경험적으로 정립해 나갑니다. 'D.I.S.C 행동유형'을 통해 사람을 분석하는 것은 이러한 상황과 관련해 더욱 체계적으로 상대를 분석해 대표적인 유형으로 분류하고 각각에 대한 이해를 높여 보다 완성도 높은 응대를 할 수 있도록 도와줍니다. 나와 상극으로 늘 마찰이 심한 부류의 사람들도 나름대로는 각자의 절친이 있고 잘 맞는 사람들이 있기 마련이죠. 이는 우리가 그러한 상대에 대한 대응법을 확실히 갖추고 사람을 대하며 각자에게 맞는 응대를 할 수 있다면 나와 상극이었던 사람들과도 충분히 좋은 관계를 형성할 가능성이 있음을 보여주는 것이라 할 수 있습니다.

D.I.S.C 행동유형은 1928년 미국 컬럼비아 대학의 심리학 교수인 마르스톤(William Mouston Marston) 박사가 만든 독자적인 행동 유형 모델입니다. 마르스톤 박사는 인간이 자신을 둘러싼 환경을 어떻게 인식하는지, 또 그 환경 속에서 자기 개인을 어떻게 인식하는지에 따라 크게 4가지 형태로 행동을 달리하게 된다고 생각했습니다. 그는 이러한 인식을 토대로 사람의 유형을 각각 D(Dominance - 주도형), I(Influence - 사교형), C(Conscientiousness - 신중형), S(Steadiness - 안정형)의 4가지로 크게 나누었습니다.

물론 사람이라는 존재는 모두 각자의 지문이 다른 것처럼 60억 명의 인구 모두가 완벽히 똑같은 사람은 없고, 제각각 다양한 모습을 가지고 있죠. 그래서 사람을 무 자르듯 싹둑 4가지의 기준으로 나눈다는 것은 근본적으로 다소의 무리함을 내포하고 있는 일입니다. 그래서 D.I.S.C를 맹신해 합리화하거나 상대를 쉽게 판단하고 낙인찍는 등의 일은 주의를 요구합니다. 모든 사람은 D.I.S.C에 속한 요소들을 조금씩 다 가지고 있기 마련이며 자신에게 부여된 직책 등 주어진 상황에 따라 사람의 성향이 달리 발현될 수도 있고, 사람은 성장이나 교육 등을 통해 성향이 변화하기도 해서 변수가 참으로 많다는 것을 인지해야 합니다. D.I.S.C를 활용해 사람을 분류하고 이해하는 것은 어디까지나 참고용으로 상대에 대한 이해를 높여가려는 노력의 과정으로 인식해야 하죠. 이를 결과로 규정짓는 것은 위험성을 크게 내포할 수 있는 일이니 꼭 이를 명심하기 바랍니다.

D.I.S.C 분석을 신중하게 활용한다면 이는 상대를 분석하고 이해하는 데 꽤 효과가 좋은 분석 툴이 됩니다. 필자의 경우 D.I.S.C 행동유형 강의를 많이 해 왔는데 실제로 많은 교육생이 이를 통해 빠르게 효과를 보고 관계개선 등을 긍정적으로 해내는 것을 목격한 경험이 정말 많습니다. 여담이지만 주위 절친한 친구들이 시부모님을 어떻게 대하면 좋을지, 좋은 관계를 형성하려면 어떻게 하면 좋을지를 물어오는 일이 잦은데요. 한번은 D.I.S.C 유형 진단지를 들고 그 친구들을 앉혀둔 채 각자의 유형과 시부모님의 유형 분석을 해 준 일이 있었습니다. 유형별로 시부모님을 대할 때 어떻게 말하고 행동하는 것이 좋은지를 일러 주었는데 나중에 결과를 들어보니 반응이 정말 좋았습니다. D.I.S.C 분석은 이처럼 잘 활용한다면 큰 도움이 되며, 특히나 직장인들의 경우 직장 내 또는 사회생활을 하며 다양하게 만나게 되는 거래처나 고객 등 다양한 인간관계에서 커뮤니케이션 능력을 높이기 위해 활용하면 좋은 결과를 기대할 수 있습니다.

D.I.S.C 유형 분석을 활용하기 위해서는 가장 먼저 나의 유형을 정확하게 파악해야 합니다. D.I.S.C 유형 분석을 강의하다 보면 상대방의 유형만 파악해 그에 맞는 응대법을 익히기만 하면 되지 않느냐는 의문을 가지는 교육생들이 있는데, 이는 옳지 않습니다. 커뮤니케이션은 기본적으로 나와 상대가 짝을 이루는 관계 속에서 이뤄지는 것입니다. 상대가 D.I.S.C 유

형 분석으로 나를 파악하지는 않는다고 해도 상대도 살아온 경험 속에서 나라는 사람을 어떤 유형인지 예측하며 접근해 온다는 것을 명심해야 합니다. 즉, 유형적 특성으로 말미암아 상대가 나를 다소 부담스럽게 느끼거나 꺼리게 될 수도 있다는 것이죠. 그래서 다른 사람이 보는 자신의 유형을 파악해 보는 것도 필요합니다.

D.I.S.C 유형 분석은 자세하게 들어가면 사람의 유형을 8가지로도 분류하지만, 이 책에서는 약식으로 간단히 4가지 대표적 유형에 관해 살펴보기로 하겠습니다. D.I.S.C 유형은 먼저 크게 <말하기 좋아하는 유형>과 <듣는 것을 좋아하는 유형>으로 나누어 볼 수 있습니다. 주도형인 D와 사교형인 I가 말하는 것을 좋아하는 유형이며, 신중형인 C와 안정형인 S가 듣는 것을 좋아하는 유형입니다.

주도형 D

각각에 대해 살펴보면, 주도형인 D는 강한 자의식을 가지며 자존감이 높은 유형으로 도전이나 경쟁 상황에서 동기부여를 얻고 말과 행동이 빠르며 목소리가 크고 억양 변화가 많습니다. 또한, 듣거나 묻기보다는 말하는 편으로 많은 제스처를 활용하여 사람과 눈을 잘 마주하며 대화합니다. 특히 대화를 주도하는 편으로 의견 개진에 거리낌이 없고, 의사 결정이 빠릅니다.

사교형 I

이와 달리 사교형인 I는 낙천적인 사람이 이에 속하며 사회적인 인정을 받을 때 동기부여를 얻고 타인의 거부나 무시를 두려워합니다. 또한, 사교형에 속하는 사람들은 대체로 따뜻하거나 편안한 느낌을 주고 감정을 자유롭게 드러내고 타인에게 공감하는 말과 행동을 잘하며, 감정에 기초한 의사 결정을 내리기도 합니다. 감정적인 특성 탓에 감정의 기복이 큰 편이며, 신체적 접촉 등에 개방적이고, 사람에 우선순위를 두고 타인에 대한 시간 사용에 대해 관대한 편입니다.

신중형 C

신중형인 C의 경우 대단히 분석적입니다. 승진이나 인센티브 등 자신에게 이익이 되는 동기 요인이 있을 때 동기부여가 되고 비판을 받는 것에 큰 스트레스를 받는 등 예민하게 반응합니다. 대체로 말과 행동이 느린 편으로 목소리가 작고 단조로우며 말하기보다는 묻거나 듣는 편으로 침착합니다. 제스처를 사용하기보다는 소극적인 커뮤니케이션을 하며 의사 결정을 미루는 경향이 많고 자기 생각을 드러내거나 의견을 개진하는 것을 자제하는 경향이 있습니다. 세심하고 논리적인 신중형은 완벽주의자가 많은 편입니다.

안정형 S

안정형 S는 일관성 있고 편견 없는 태도를 가지고 변화를 두려워하며 현상유지에 동기부여가 되며 공감과 배려를 잘해줍니다. 소극적인 행동으로 새로운 일을 추진하는 것을 좋아하지 않으며 어떠한 사안을 두고 굉장히 심사숙고합니다. 관계지향형으로 거절을 잘 못하며 사람 좋다는 소리를 많이 듣습니다.

유형별 커뮤니케이션 스타일

――――――――――――― 이렇게 크게 4가지로 분류된 유형을 토대로 각각의 커뮤니케이션 스타일을 분석해 보면 주도형인 D의 경우 성과를 얻기 위해 말하고 '무엇'에 초점을 두는 커뮤니케이션 스타일을 가지고 있다고 할 수 있습니다. 또한, 사교형인 I의 경우에는 상대에게 인정을 받기 위해 말하고 '누구'에 초점을 두고 있다고 할 수 있으며, 신중형인 S의 경우 이해하기 위해 듣고 '방법'에 초점을 두고, 신중형 C의 경우 분석하기 위해 듣고 '이유'에 초점을 두는 커뮤니케이션 스타일을 가지고 있음을 알아볼 수 있습니다.

칭찬 등을 할 경우에도 주도형 D에 해당하는 사람에게는 과잉 친절보다는 업적이나 결과물에 대한 즉각적인 칭찬을 할 수 있으면 좋고, 사교형 I인 사람을 대할 때에는 조금 과장되더라도 긍정적으로 많이 칭찬해주면 좋습니다. 어떠한 칭찬도 관심으로 받아들여 관계를 돈독히 하는 데 도움을 줄 수 있기 때문입니다. 또한, 안정형 S인 사람은 자신이 한 일에 대해 진심으로 알아주고 인정하면서 칭찬해 주는 것에 동기부여가 되니 상대를 면밀하게 살펴 진중하게 접근할 수 있도록 하면 관계를 증진하는 데 큰 도움을 얻을 수 있을 것입니다. 안정형에게 중요한 것은 진심입니다. 마지막으로, 신중형 C의 경우에는 구체적이고 입증 가능한 사실에 대해 칭찬을 해야 하며 즉흥적으로 과도한 칭찬을 하는 경우 등은 오히려 역효과가 날수 있음을 주지해야 합니다. 따라서 수치로 입증되거나 확실하게 결과가만들어진 상황을 칭찬하게 되면 도움이 됩니다.

이처럼 D.I.S.C 분석을 통해 상대를 응대하는 법을 지속해서 훈련해 나간다면 하루하루 확실하게 달라지는 자신의 커뮤니케이션 역량을 체감할 수 있습니다. 이와 같은 노력은 모두 사람을 파악하고 분석해 상대와 좋은 관계를 맺고 효과적인 의사소통을 할 수 있도록 하기 위함인 만큼 애정을 갖고 차근차근 간단한 대화에서부터 작은 노력을 기울여 나간다면 어느새 소통의 귀재가 된 당신을 발견할 수 있을 것입니다.

	주도형	사교형	안정형	신중형
우선순위	일 업무수행	공감과 배려 관계	공감과 배려 관계	일 업무수행
행동특성	적극·진취·권위	개방·사교·열정	배려·양보·내성	세심·논리적
단점 장점	감정기복 리더십	관심종사 창의력	소극적·추진X 차분함	완벽주의 논리력
좋아하는것	상황주도	재미·자극	안전	정리·매뉴얼
환경인식	경쟁적	우호적	피동적	방어·적대적
개인vs.환경	개인이 더 강하다고 인식		환경이 더 강하다고 인식	
의사 결정	속전속결		심사숙고	

조직 활성화를 위한 D.I.S.C 활용 방법

원활한 조직생활, 통하는 직장생활을 하고 싶다면 나의 유형을 알고 또 조직 내
구성원들의 유형을 파악해 업무에 반영하면 도움이 된다.

1 D.I.S.C.에 따른 구성원 특성

주도형&사교형은 일의 속도가 비교적 빠르다.
안정형&신중형은 일의 속도가 비교적 느리다.

주도형은 성과를 얻기 위해 말을 한다. "무엇"에 초점을 둔다.
사교형은 인정을 받기 위해 말을 한다. "누구"에 초점을 둔다.
안정형은 이해를 하기 위해 말을 듣는다 "방법"에 초점을 둔다.
신중형은 분석을 하기 위해 말은 듣는다. "이유"에 초점을 둔다.

2 D.I.S.C. 활용 방법

❶ 주도형과 업무 파트너가 되었다면,
결론부터 말하고 선택권을 제시해주자. 현재 주어진 상황을 리드하고 있음
을 확인시켜 주면 좋다.

❷ 사교형과 업무 파트너가 되었다면,
칭찬하고 인정해 주고 사교적 기회를 제공해주자

❸ 안정형과 업무 파트너가 되었다면,
시간적 여유를 주고 업무 속도에 대한 질책을 하지 말자.

❹ 신중형과 업무 파트너가 되었다면,
감정에 호소하지 말고 구체적이고도 객관적인 데이터 등을 제시하며 절차와
규정을 준수해주자.

대한민국 직장인 스피치 교과서

잘나가는 직장인의 커뮤니케이션은 다르다

1% 다른
센스있는 직장인
대화법

거울은 절대로 먼저 웃지 않는다!

01

대화 상대를 분석하라 : 관심

매끄럽게 방송을 진행하고 MC로서 출연진들을 잘 리드하기 위해서 무엇보다 상대를 이해하고 상대의 반응을 살피는 능력을 키워왔습니다. 이는 오랜 방송생활이 남긴 습관과도 같은 것이었죠. 그러한 습관은 일상생활에서도 이어져 방송이 아닌 어느 상황에서도 늘 상대에게 초점을 맞춘 대화를 했습니다. 이는 자신도 모르는 사이 굳어진 습관이었는데, 돌이켜 보면 이것이 커뮤니케이션 능력을 근본적으로 향상시켜 준 가장 중요한 습관이었다고 해도 과언이 아닙니다.

직장 내에서 늘 재미없는 농담을 던지는 상사를 종종 접하곤 하는데요. 그런 부류의 사람들은 대화 상대방의 다소 싸늘한 반응에도 아랑곳하지 않고 자기 혼자 신나서 이야기를 합니다. 그런 분들을 맞춰주는 일은 매우 곤욕스러울 때가 많습니다. 사실 이는 대화 상대를 중요하게 여기지 않는 대표적인 예라 할 수 있습니다. 우리는 그런 사람들을 보고 그냥 센스가 없다거나 유머코드가 남다른 사람으로 치부하곤 하지만, 사실 자세히 들여

다보면 그런 사람들은 대화 시 상대의 반응을 성의 있게 살피지 않거나 대화할 때 상대에 맞는 대화를 해야 한다는 것을 크게 생각해본 적 없는 사람들이 대부분입니다.

그렇다면, 반대로 누가 보아도 부러울 만큼 행복한 사랑을 하는 커플을 살펴봅시다. 서로의 사랑이 행복하게 이어진다는 것은 상대에게 집중하고, 상대의 반응을 늘 살피고, 상대방의 입장에서 먼저 생각하고 말하고 행동할 때 가능한 일입니다. 그래서 사랑하는 커플은 늘 상대방의 기분과 표정을 살피고, 상대가 싫어하는 행동을 자제하고, 때로는 상대의 기호에 맞는 행동과 선택들을 합니다. 이는 사랑을 해본 사람들이라면 쉽게 공감할 수 있는 이야기일 것입니다. 아무리 자신이 속한 대부분 관계에서 상대를 배려하는 대화를 하지 않았던 사람이라고 해도 자신이 사랑하는 한 사람, 연인에게만큼은 상대에게 집중한 배려라는 것을 애정이라는 이름으로 최소한 행하게 되기 마련이며, 자신이 그렇게 행동할 때 연인과의 관계가 돈독했음을 금방 떠올릴 수 있을 것이기 때문입니다.

이는 우리에게 시사하는 바가 매우 큽니다. 상대와의 대화에 다소간 어려움을 보였던 사람이나 상대를 배려하지 않는 대화를 한다는 이야기를 들었던 사람들이 꼭 명심해 생각해 보아야 할 지점이죠. 상대를 이해하고 상대에 초점을 둔 대화를 하는 것은 근본적으로 상대에게 애정을 보인다는 것인데, 상대는 그 애정을 무엇보다 빠르게 나의 진심과 연결 지어 반응한다는 것입니다. 강의를 준비할 때 교육생의 성별과 나이뿐 아니라 지역과 직책 등 교육생에 관련된 모든 것을 사전에 파악하고 분석하는 이유도 바로 여기에 있습니다. 교육생에게 맞게 관련된 동영상도 다르게 준비하고, 심지어 쉬는 시간에 틀어주는 음악에도 신경을 쓰는 등 교육생을 이해하고 마음을 전달하려는 노력이 곳곳에 보이면 이를 교육생들은 금방 알아챕니다. 따라서 똑같은 교육을 하더라도 교육 효과는 천양지차로 달라지죠. 필자의 진심을 이해해 받아들이려는 마음의 문을 활짝 열고 강의 내용에 더욱 집중하기도 하고, 활발하게 강의에 참여하기도 한다.

이를 직장 내의 스피치나 대화 등에 접목해 봅시다. 예를 들어, 보고할 때 자신의 보고를 받는 이들의 성별과 연령, 성향, 성격, 기호 등을 사전에 파악해 그들의 언어로 그들과 공감할 수 있는 스토리 등을 준비하게 된다면 어떨까요? 이는 매우 효과적일 것입니다. 그들의 관심사와 관련된 이야기로 보고를 시작하는 것부터 실행에 옮겨 봅시다. 단순히 보고하려는 것이 아니라 보고를 받는 상대와 즐거운 소통을 하려 한다는 이미지를 주게 되면 대성공이며, 그렇게 되면 당신은 직장 내에서 누구보다 보고를 잘하는 사람으로 인정받게 될 것입니다.

02

> # 거울은 먼저 웃지 않는다 : 미소

'미러링(Mirroring)효과'에 대해 한번쯤 들어보신 분들이 있을 겁니다. '거울효과' 혹은 '동조효과' 등으로 불리는 이 효과는 쉽게 말해 '인간은 무의식적으로 자신이 호감을 보이는 사람과 같은 동작 등을 취하게 된다.'라는 심리를 말하는 것인데 이를 활용하게 되면 대화 상대와의 친밀도를 높이고 관계를 돈독하게 만드는 아주 강력한 도구로 활용할 수 있습니다.

"보고서를 처음부터 다시 작성해야 하는 상황이라 아주 힘들게 됐어."
"아 그러세요. 원점에서부터 다시 시작해야 한다면 정말 힘드시겠어요."

이처럼 실의에 빠진 상대에게 공감해 주고, 상대의 표정에 반응을 보이며 그에 더해 힘내라는 듯 따스한 미소를 전함과 동시에 "어쩌겠어요. 힘내세요. 이럴 때엔 달콤한 것 하나 드시면서 기운내세요."라며 초콜릿 하나를 건네었을 때 그 상대의 표정을 예상해 보시죠. 딱히 해결방법을 제시해 주지 않아도 상대는 위로를 받고 나의 표정을 따라 웃게 되는 법입니다.

인간이라면 누구든 타인에게 자신에 대한 존재감을 확인하려고 하는 본능과 욕망이 있습니다. 그래서 상대방이 자신에게 호감이 있다는 것을 본능적으로 직감하게 되면 자신도 즉각 호감을 느끼게 되고, 서로 간에 신뢰를 쌓게 되기 마련입니다. 자신이 상대에게 신경을 쓰고 있다는 느낌을 전달하는 것, 그리고 그에 더해 상대에게 공감하고 당신에게 호감이 있다는 느낌을 전달하기 위해 노력을 하는 것은 따라서 매우 중요합니다.

'수정 씨는 인간 비타민이야.', '수정 씨랑 함께 있으면 나까지 기분이 좋아져'. 제가 직장생활을 하면서 가장 많이 들었던 이야기들입니다. 이것은 '상대는 나의 거울'이라는 생각을 잊지 않았기 때문에 가능했던 이야기들이라 생각합니다. 상대를 웃게 하는 것, 그리고 상대와의 관계를 돈독하게 만드는 것, 모두 당신에게 달려있습니다. 명심합시다!

거울은 절대로 먼저 웃지 않는다!

03

"칭찬은 고래도 춤추게 한다 : 칭찬"

앞에서, 대화 상대와의 친밀도를 높이고 관계를 돈독하게 만들기 위해서는 ❶ 상대에 공감하고, ❷ 상대에게 호감이 있다는 것을 알리는 것이 중요하다고 말했는데요. 이보다 더 손쉬운 방법이 하나 있습니다. 바로 '칭찬'입니다. 칭찬은 제가 강사로서 가장 신나게 강의하는 주제이기도 합니다. 그 어떤 강의보다 분위기가 좋게 진행되기 때문이죠. 누군가를 칭찬하는 연습을 하는 것만으로 자신을 기쁘게 합니다. 또한, 상대방에게 칭찬을 받는 것처럼 기분 좋은 일은 없으므로 서로가 칭찬을 주고받는 과정에서 우리는 모두 행복감을 느끼죠. 단순히 강의 과정 중에 진행되는 연습임에도 말입니다.

그러나 강의를 시작할 때 교육생들에게 가장 최근에 받아본 칭찬을 물어보거나 가장 최근 누군가에게 한 칭찬을 떠올려보라는 질문을 던지게 되면 심상치 않은 기운을 금세 느끼게 됩니다. 단순한 칭찬이나 손쉽게 감탄을 섞어 던지는 칭찬에도 우리는 매우 인색하죠. 그렇지만 그 점에 너무 아쉬워하지는 않아도 됩니다. 오히려 칭찬의 가치를 알고 칭찬을 제대로 활용하기에는 더없이 좋은 환경이니까요. 칭찬은 구체적일수록, 그리고 즉각적일수록 좋습니다. 없는 것을 굳이 만들어 내어 칭찬하게 되면 오히려 역효과가 날 수 있지만, 실제로 긍정적으로 느낀 것을 즉각적으로 표현하는 일은 매우 좋습니다. 사람을 볼 때 긍정적인 부분을 찾으려 노력하고 그것을 말로 표현하는 습관을 통해 좋은 관계들이 하나둘 생겨나면 궁극적으로 자신이 먼저 칭찬하는 것을 좋아하게 될 것입니다.

'목소리가 참 좋으시네요.', '표정이 늘 밝으셔서 정말 좋아요.'와 같은 단순한 칭찬은 물론, '역시!', '대박!', '우와!', '어쩜!' 같은 감탄류의 칭찬도 좋습니다. 칭찬을 아끼지 마세요. 이에 더해 비유를 섞은 칭찬을 하게 되면 더할 나위가 없습니다. 예를 들면, '한수정 강사님의 강의는 커피같습니다. 자꾸 찾게 됩니다.' , '조향지 강사님은 마치 한 송이의 수선화와도 같습니다. 아주 우아해요.' 등은 비유를 섞은 칭찬에 해당합니다. 이처럼 칭찬을 할 때 청중과 그 대상이 선명한 이미지를 떠올릴 수 있도록 칭찬하게 되면 가장 좋습니다. 위의 예는 필자들이 실제로 들었던 칭찬인데, 선명한 이미지를 동반한 비유의 힘은 매우 커 시간이 꽤 흐른 지금도 커피를 마실 때나 수선화를 보면 그 말을 건넨 교육생의 모습과 칭찬이 곧장 떠오를 정도입니다. 이 밖에도, 상대가 가치가 있다고 생각하는 것들을 상대와 연관해 칭찬하거나, '박 과장님 말씀에 의하면 이번 프로젝트 성공에 김 대리님의 공이 가장 크다고 하시던데요? 대단하세요!'와 같이 조직생활 내에서는 간접적인 관계를 통해 칭찬하는 방법도 좋습니다. 어떤 것이든 자신의 습관으로 만들어 봅시다. 칭찬을 다양하게 자유자재로 활용할 수 있는 능력만큼 좋은 대화 스킬도 흔치 않습니다.

04

표현 방법의 습관을 바꾸자 : 긍정

이 대화를 주목해 보세요. 언뜻 보면 별다를 것 없는 일상적인 대화입니다. 그러나 이 대화를 조금만 더 깊이 생각해 보면 우리는 이 대화 속에 녹아있는 문제점을 확실히 알아볼 수 있습니다.

"나쁘지 않은데요?" 보다는 "와우, 좋은데요?"라고 대답했다면 어땠을까요? 우리는 주위에서 흔히 같은 말을 하더라도 부정적인 표현을 자주 섞어 대답하거나, 좋은 말을 명확히 표현하는 것을 부담스럽게 느끼는 사람들을 쉽게 찾아볼 수 있습니다. 이는 매우 좋지 않은 습관이라 할 수 있습니다. 습관적으로 부정적인 표현을 자주 섞어 대답하게 되면 상대에게 좋은 인상을 주지 못할 뿐 아니라, 대화를 유쾌하고 원활하게 이끌어 나가는 데에도 걸림돌이 됩니다. 또한, 좋은 표현을 명확하게 하지 못한다는 인상을 주게 되면 자기주장이 약하고 소극적인 사람으로 비칠 수도 있습니다.

자신의 대화 내용을 녹음해 다시 들어 보면서 한번 분석해 보는 등 평소 자신의 대화 내용을 살펴봅시다. 자신이 부정문을 습관적으로 많이 사용하고 있는지를 인식하는 것에서부터 긍정적인 변화가 일어날 수 있습니다.

습관적인 부정적 표현 사용 이외에도 우리의 대화 습관 중 크게 문제가 되는 것이 있는데요. 바로 습관적인 부정적 내용의 발화입니다. 부정적인 표현을 넘어 불필요하게 상대를 매번 지적하거나 상대의 실수를 꼬투리 잡듯 이야기하는 사람들이 바로 그에 해당하죠. 크게 악의적인 생각이 없음에도 자신이 보기에 잘못된 것을 찾게 되면 상대에게 습관적으로 지적하는 부류입니다. 이는 대단히 잘못된 습관이라 할 수 있습니다. 긴박한 순간에 당장 개선이 요구되는 특수한 상황이 아니라면 대부분의 경우 이는 지양해야 하는 내용의 발화입니다. 정말 상대를 위한 마음에서 상대에게 도움을 주기 위한 진심이 있다면 개인적으로 은밀하게 그 내용을 추후에 전달해 주고, 그 과정에서도 상대를 살피며 그 내용을 전달할 수 있어야 합니다. 그렇지 않고 공개적인 자리에서 그와 같은 일들이 자주 벌어진다면 그것은 폭력과 다름없을 뿐 아니라, 그를 지켜보는 사람들은 실수한 이보다 그를 꼭 짚고 넘어가는 당신을 더욱 손가락질하게 될 지도 모를 일이니까요.

05

" 쓰리고(3GO) 스피치 : 쉽고·짧고·확실하고 "

대화할 때 한자나 영어 혹은 각종 현학적인 표현들을 유독 많이 섞어 어렵게 말하는 사람들이 있죠. 그러나 그런 표현들을 섞어 말한다고 해서 그 사람을 유식하게 보던 시대는 이미 오래전에 지났습니다. 진짜 말을 잘하는 사람들은 어려운 것을 쉽게 말할 수 있는 사람들이라는 것을 지금을 살아가는 사람들은 모두 잘 알고 있습니다. 스마트해 보이고 싶다는 당신의 열망이 담긴 그와 같은 표현습관이 오히려 당신을 초라하게 만들거나 상대방과 거리를 만들게 할 수 있습니다. 직장 내에서 업무적으로 뛰어나 보이기 위해서 그런 표현 습관을 지니고 있다면 다시 한 번 자신의 표현들을 점검해 봅시다.

또한, 말의 내용, 논리는 무엇보다 확실하고 정확해야 합니다. 이렇게 준비된 말의 내용을 전달할 때 속도 또한 매우 중요한데 말을 빨리하는 사람들은 천천히 말할 수 있도록 훈련을 해야 합니다. 말이 빠르면 전달력이 떨어지는 것에 더해 성격이 급해 보이거나 공격적으로 보이는 인상을 줄 수 있고, 말 욕심을 과하게 낸다는 평을 들을 수도 있습니다. 특히나 논쟁이 있는 대화 시에는 더욱 말의 속도를 조절할 수 있도록 해야 합니다. 자신의 말에 확신이 있다면, 확실히 전달력을 갖춰 표현할 수 있도록 천천히 말하는 습관을 들여 보면 좋습니다.

이때 문장을 길게 하지 말 것도 기억하세요. 문장이 길면 상대방이 집중하기 어렵습니다. 필자가 강의 시 늘 하는 말이 있는데, "쓰리고(3 Go) 스피치", 즉 "쉽고, 짧고, 확실하고"입니다. 말을 잘하는 사람은 어렵게 말하지 않아요, 오히려 어려운 걸 쉽게 말합니다.

06

인사에 목숨 걸자 : 인사

'인사만 잘해도 반은 먹고 들어간다.'

———————— 이 말은 진리나 다름없습니다. 인사의 중요성을 논하는 것은 너무 당연해 크게 짚지 않을 뿐, 관계를 논할 때에 있어 이보다 중요한 것은 없다고 해도 과언이 아닙니다. 직장 내에서도 나이나 직급, 직책 등 모든 조건을 불문하고 인사를 하거나 감사의 표현이나 칭찬 등을 할 수 있도록 합시다.

상대에게 좋은 인상을 주는 첫째도 인사이고, 둘째도 인사입니다. 진심과 애정을 다해 상대에게 인사를 하는 일, 고마울 때 진심으로 고마움을 표현하는 일, 칭찬할 일이 있을 때 상대를 추켜세우는 일은 상대와의 관계 설정 자체에 근본적으로 관여될 뿐 아니라, 관계를 긴밀하게 만드는 데에도 매우 중요한 요소입니다. 인사를 잘 못 하는 사람이 아무리 다른 대화 스킬들을 현란하게 구사한다고 해도 이미 첫 단추부터 잘못 끼운 관계는 긴밀

해지기 힘들죠. 절대 간과하거나 잊지 말아야 합니다. 인사는 모든 관계의 시작이자 끝입니다. 필자에게는 다섯 살 아들이 있는데, 동네에서 '성격 좋은 아이'로 소문이 자자합니다. 이유는 '인사'입니다. 다섯 살 아이가 성격이 좋으면 얼마나 좋을까요? 정말 인사만 잘해도 평가는 매우 긍정적이게 되죠. 하물며 사회생활, 조직생활에서는 어떨까요? 인사에 목숨을 걸어보세요. '진심이 담긴 인사' 말입니다.

07

" 센스있는 자신만의 건배사 "

셀프 어필의 시대에 사는 우리는 우리 자신을 알려야 합니다. 존재감은 자신이 스스로 만들어 가는 것이며, 자신이 자신을 알리지 않고 다른 사람이 자신을 진정으로 알아주기를 기대하는 것은 매우 어려운 일이죠. 회사에서는 일 잘하는 사람을 좋아하지만, 일만 잘하는 사람보다는 일도 잘하는 사람을 좋아한다는 것은 정언명제처럼 인식되고 있습니다. 직장인은 회식으로 하나가 되니, 공식적인 회식이나 삼삼오오 모이는 작은 회식 등을 활용해 봅시다. 센스 있는 자신만의 건배사를 구축하는 것도 하나의 방법이 될 수 있을 것이며, 그 외에도 자신의 존재감을 특별히 드러낼 수 있는 여러 장치를 마련해 볼 수 있을 것입니다.

조화가 아닌 생화처럼 활짝 핀 직장생활을 하고 싶다면 노력해야 하는 시대를 우리는 살고 있습니다. 또한, 이는 직장 내에서 좋은 관계를 형성하고 대화를 잘 이끄는 데에도 무엇보다 중요한 요소가 됩니다. 좋은 관계에서 좋은 대화가 이어짐은 부인할 수 없는 명제입니다. 대화를 주도하고 싶다면 관계를 주도해야 하고, 유쾌한 대화를 하고 싶다면 유쾌한 관계가 있어야 합니다. 생화로 살 것인가 조화로 살 것인가. 모두 자신의 선택에 달려있습니다.

일도 잘하면서 인기도 있는 법
'존재감을 살리는 건배사'

[한수정이 제안하는 고구마 건배사]

고 : 고맙다는 인사로 시작.

(앞서 말했듯 인사만 잘해도 먹힌다.)

구 : 구경을 한다.

(회식 자리 참석자들과의 눈 맞춤. 구경하듯 여유 있는 아이 콘택트를 해준다.)

마 : 마지막은 브라보.

(이때 준비된 건배사를 마치 즉흥적으로 하듯 하는 것도 방법)

[공무원교육원장기교육과정을 마치고 초대받은 자리에서 했던 건배사]

고 : 고맙습니다. 여러분. 매일매일 종일 앉아서 공부하느라 많이 힘드셨을 텐데 내색 한번 없이 그야말로 열공을 해주신 여러분! 덕분에 제가 정말 행복했습니다.

구 : (참석해주신 모든 교육생과 자연스럽게 눈 맞춤을 하면서) 특히나 이 과정을 기획하고 진행하시느라 많은 고생을 하셨던 과정장님께 여러분 우리 박수 한번 보내드릴까요?

마 : 옷깃만 스쳐도 인연이라는데 장기과정 동안 얼마나 정이 들었는지
　　모릅니다. 선생님들도~제 이름 기억해 주실 거죠? (네~대답유도) 그
　　럼 제 이름을 마지막으로 운을 띄어주시겠어요?

한 : 한 번의 교육과정으로 우리가 모두 스피치의 달인이 된다면 얼마나
　　좋을까요?

수 : 수없이 매일매일 연습하고 또 연습해야 변화되는 것이 바로 이 스
　　피치입니다.

정 : 정말 스피치의 달인이 되고 싶으신가요? ('네' 대답 유도) 목소리가 작
　　은데요? 스피치의 변화를 꿈꾸시나요? ('네!') 그렇다면 그동안 저
　　와 함께 한 내용들을 현업에 돌아가서도 생활화해주시기 바랍니
　　다. 스피치는 노력 한만큼 변합니다. 자 여러분 제가 선창으로 "노
　　력 한만큼"이라고 외치면 여러분은 "변한다."라고 외쳐주시기 바랍
　　니다.

(스피치는 연습한 만큼 변한다는 메시지와 너불어 '한수정'이라는 저자의 이름을 각인
시키기 위한 이름 건배사)

　　고구마 건배사법은 다양한 상황에서 언제나 유용하게 활용 가능합니다.
이에 대한 상황별 예시 등을 소개하도록 하겠습니다.

고단함을 달래기 위해 함께하는 부서 회식

━━━━━━━━━━ 직장생활은 정말 쉽지 않습니다. '대한민국 직장인으로 살아가기 참 팍팍하다.'라고 느끼는 순간도 많습니다. 특히 직장생활에는 축하를 위한 즐거운 모임만 있는 것이 아니죠. 팀 프로젝트를 야심 차게 준비하고 발표했지만, 이사님께 잔뜩 지적만 받은 날처럼 우울한 날 팀장님과 부서원들 함께 서로를 달래는 술자리를 가지기도 합니다. 때로는 밤새며 준비한 경쟁 PT에서 경쟁사에 밀리기도 하여 속상하기도 합니다. 팀을 대표해 발표자로 나선 당사자가 있다면 유난히 더 힘들 수도 있는데요. 이런 위로의 자리에서 팀원이나 상사의 고단한 마음을 달래주고 서로를 격려할 수 있는 멘트를 준비해봤습니다.

조 : 금 부족하면 어떻습니까. 조금 실수해도 괜찮습니다.

향 : 기 나는 꽃처럼 아름답고 멋진 나로 살아가기 위해

지 : 금의 내 모습 있는 그대로 사랑해주세요. 괜찮다 괜찮다 쓰다듬어 주세요. (매일 매일 바쁜 당신, 가끔 시간을 내어 나에게 말을 걸고 나를 바라봐 주고 나를 안아 주세요.) 우리가 함께하는 지금이 그런 시간이 되었으면 좋겠습니다. 제가 "지금의 나를" 하고 외치면 모두 함께 "사랑하자!" 라고 해주시기 바랍니다.

(선창) "지금의 나를"

(후창) "사랑하자"

(모두 위로가 필요한 상황에서 서로를 독려하는 메시지와 '조향지'라는 저자의 이름을 각인시키기 위한 이름 건배사.)

성공적인 프로젝트 이후 회식 자리의 경우

고 : 고맙습니다. 이런 귀한 자리에 제게 한마디 할 기회를 주시다니. 정
  말 고맙습니다.

구 : (전체적으로 회식 참석자들과 눈 맞춤을 스윽~ 해준 뒤) 이번 프로젝트 성공
  은 모두 여러분 덕분이었습니다. 특히나 저기 끝에 앉아계신 김 부장
  님. 늘 따뜻한 카리스마로 우리 팀을 이끌어주셨는데 많이 배웠고 덕
  분에 좋은 성과를 낼 수 있었습니다. (이 회식 자리의 핵심 인물 김 부장님
  을 순간 주인공을 만들어 준다.)

마 : (마지막은 마치 즉흥적으로 말하듯 선창과 후창을 의미를 부여해서 외친다.) 일
  의 성과에는 소통과 화합이 제일이라는 것을 느꼈습니다. 그런 의미
  에서 제가 "소통과 화합이 제일이다."라고 먼저 외치면 여러분은 "소
  화제"를 크게 외쳐주시기 바랍니다.

신입사원 축하 회식 자리

고 : 고맙습니다. 선배님들. 아직 배울 게 참 많은데 많이 챙겨주시고 예
  뻐 해주셔서 진짜 고맙습니다.

구 : (회식장소 공간. 그리고 참석자들을 스캔하듯 스윽~자연스럽게 구경하듯 아이
  콘택트를 해주면서 평소 하고 싶었던 말을 길지 않게 의미를 부여해서 해준다.)
  사실 입사 동기 중에서 제가 제일 선배님들께 귀염을 받고 있다고 동
  기들이 그러더라고요~진짜 행복합니다.

마 : 그런데 제가 조금 더 욕심을 내봅니다. 이 자리에서 저에게 딱 5초만 그 예쁨을 더 많이 보여주시겠습니까? 제가 선창으로 "나 이뽕" 외치면 "그래 너 이쁘셩"이라고 큰소리로 외쳐주세요. 자 그럼 갑니다. 술잔을 높이 들고 "나 이뽕!"

연말 부부동창회 모임 자리

고 : 고맙습니다. 그리고 반갑습니다. 여러분 이렇게 한 해를 마무리하는 의미 있는 자리에 초대받아서 아주 영광입니다.

구 : (현장을 스케치하듯 아이 콘택트) 그런데 오늘은 무슨 영화제 시상식에 초대받은 기분입니다. 다들 어찌나 아름다우신지 눈이 부시네요. (사실 별거 아닌데 그 자리에 있는 사람들은 하하 호호 웃는다.) 하지만 그중에서도 유독 저의 아내가 가장 예뻐 보이는 것은 어쩔 수가 없습니다. 웃음. (같은 장소 같은 상황에 놓여 있을 때는 함께 공유가 되는 현장형 이야기를 해주면 좋다.)

마 : (마지막에서는 현장형 분위기가 묻어나는 건배사를 던진다.) 여고 동창생들이 졸업한 지 벌써 30년이 다 되었는데도 이렇게 모임을 갖고 서로의 경조사를 챙기는 모습이 참으로 감동적이고 고마운 일이지 싶습니다. 그런 의미에서 이 모임이 영원하자라는 뜻으로 제가 "이멤버" 선창에 이어 여러분은 "리멤버"라고 외쳐주시면 좋겠습니다. 자 여러분 우리모두 "이멤버"

제가 블로그를 하나 운영하고 있는데요. 일상에 대한 소소한 기록, 간단한 스피치 정보 등을 공유하는 곳이라 사실 방문자 수가 많지는 않습니다. 그런데 작년 연말 어느 금요일, 제 블로그가 해킹당한 줄 알았습니다. 이유는 방문자 수가 4자리에 가깝게 증폭했기 때문인데요. 유입 경로를 확인해 보니 "건배사" 게시물을 보기 위해서라는 것을 알 수 있었습니다. 연말이고 금요일이니 건배사가 필요한 분들이 매우 많았던 것이죠. 한편으로는 얼마나 많은 사람이 고민하는 것인지 이해할 수 있었습니다.

건배사를 할 때는 공감대 형성과 분위기를 이끄는 리더십이 중요합니다. 그러기 위해서는 흥미로운 자신만의 의미가 담긴 스토리가 있어야 하고 목소리 크기도 큰 영향력을 주기에 힘을 넣어서 크게 외쳐야 하죠. 그래서 준비된 건배사를 외칠 때는 평소 목소리 크기보다 약 3배가량은 크게 외칠 것을 추천합니다. 그리고 또 하나 길게 하면 안 된답니다. 밥 때를 놓치고 회식이 시작되는 자리에서는 고구마 건배사를 최대한 짧게 하는 센스를 발휘해주시기 바랍니다.

고 : 맙습니다. 오늘도 열 일한 여러분!

구 : 오늘 이 식당 삼겹살은 우리가 다 먹고 갑시다.

마 : 제가 "맛있게 많이"라고 외치면 여러분은 젓가락을 들고 "먹자!"라고
　　외칠까요?

　　"맛있게 많이"

/ 잘나가는 직장인의 커뮤니케이션은 다르다

건배사와 더불어 스트레스를 받는 한마디, 축사

──────────────── 특히나 승진을 앞둔 분들. 좋은 일을 앞둔 분들은 여기저기서 한마디 하라는 제안이 많기 때문인데요. 축사 또한 어렵게 생각하면 한없이 어려울 것입니다. 쉽게 접근합시다. 그야말로 축하하는 자리에서 하는 한마디이기 때문이죠.

"고/래/의/축하"라는 기본 구조를 활용해 보시기 바랍니다.

고 : 고맙습니다. (인사)

래(내) : 내가 누구인지 밝히기.

의 : 의미 부여.

축하 : 축하합니다.

온라인에서 유행하는 재치 있는 건배사들

멘붕 : 맨날 붕붕 뜹시다.

참이슬 : 참사랑은 넓게 /이상은 높게/ 술잔은 평등하게.

개나리 : 계급장 떼고/ 나이는 잊고/ 릴렉스하자.

아바타 : 아름다운 사람들이 모인 이 자리가 바라고 소망하는 모든 것이
이루어지도록 타고난 저마다의 끼를 발휘합시다.

아저씨 : 아!자아자 저!무는 한해는 잊고 씨~작하자 새롭게.

당나귀 : 당신과 나의 귀한 만남을 위하여.

어머나 : 어디든 머문 곳에는 자신만의 추억을 남긴다.

고사리 : 고마워요, 사랑해요, 이해해요.

빠삐용 : 빠지지 말고, 삐치지 말고, 용서하며 살자.

신대방 : 신년에는 대박 맞고 방긋 웃자.

개시발 : 개인의 발전과 시의 발전을 위하여.

새신발 : 새롭게 신나게 발랄하게.

꼭 알고 가야 할 것

직장 내 관계의 온도를 높이는 칭찬화법 활용법

❶ 단순칭찬 : 단순히 보고 들리는 것들을 칭찬한다.

"과장님, 목소리가 참 좋아요."

❷ 감탄칭찬 : 칭찬하려는 내용에 앞서 감탄사를 활용한다.

"우와~ 어쩜, 역시 과장님 목소리는 참 좋아요."

❸ 비유칭찬 : 말 그대로 비유를 해 칭찬을 해준다.

"우와, 과장님, 목소리 정말 좋으세요. 배우 이선균 목소리랑 엄청 비슷해요."

❹ 소유물칭찬 : 상대가 소유하고 있는 것 중 가치있다고 느끼는 것을 칭찬한다.

"대박~ 과장님, 따님 정말 귀여워요. 똘망똘망한게 과장님 엄청 닮았어요."

❺ 재능칭찬 : 상대가 소유하고 있는 재능을 칭찬한다.

"오~ 역시, 과장님 넥타이가 멋진데요? 역시 과장님의 패션 감각은 탁월하십니다."

❻ 공개적칭찬 : 일대일 대화에서 칭찬도 좋지만, 3명 이상이 있는 자리에서 칭찬을 해주면 효과가 좋다.

❼ 간접칭찬 : 직장 내에서 적절히 활용하면 조직 내 분위기가 훈훈해지는 칭찬화법이다.

"과장님, 박 대리가 과장님이 롤모델이라고 하더라고요. 업무추진능력도 대단하지만, 팀원들 하나하나 챙기시는 모습을 보고 엄청 존경스럽다고 하던데, 아셨어요? 저도 과장님의 리더십과 따뜻함이 진짜 최고라고 생각해요."

칭찬의 기술 @

❶ 구체적으로 사실을 칭찬할 것.

❷ 선지적 후칭찬 : 지적을 하다가 칭찬으로 마무리했을 경우 관계의 온도가 상승한다. 칭찬을 먼저 한 후 지적을 하게 되면, '기대치 위반의 효과'로 줬다 뺐었을 때의 기분처럼 상실감이 커지면서 관계의 온도는 하강한다.

커뮤니케이션 노트

※ 자신만의 커뮤니케이션/스피치 시크릿 노트를 만들어보세요.

커뮤니케이션 노트

※ 자신만의 커뮤니케이션/스피치 시크릿 노트를 만들어보세요.

Epilogue

로봇이 범접할 수 없는 사람의 영역, 공감

이 세상은 인공지능 알파고와 인간이 바둑을 두는 시대가 되었습니다. 제3국까지 왔을 때 사람들은 두려움에 떨었습니다. '지능'이 더는 인간의 전유물이 아닌 것처럼 느껴졌기 때문입니다. 우리는 '정보량'을 가지고 인공지능과 싸워서 이길 수 없습니다. 수많은 정보를 선별해서 수집하는 능력이 여전히 중요하다고 하는 이도 있지만, 사회는 더는 정보력 싸움을 해야 하는 시대는 아니라고 말하고 있습니다.

이제 우리에게 필요한 능력은 '정보력'이 아니라 '커뮤니케이션 능력'이 되었습니다. 정보습득은 이제 인터넷만 몇 번 두드려도 누구나 다 얻을 수 있습니다. 이제 그보다 중요한 것은 '어떻게 주고받느냐'입니다. 커뮤니케이션이 원활한 사람은 정보 공유가 빠르고 인공지능이 절대 가질 수 없는 감성지능의 힘을 발휘합니다. 현대사회에서 감성이 배제된 정보는 죽은 정보나 다름없습니다. 즉, 객관적 사실 그 이상의 것으로 향하는 '공감'이 없으면 살아갈 수 없는 사회가 도래했다는 이야기이기도 합니다.

가장 강력한 종이 살아남는 것이 아니다.
가장 지적인 종이 살아남는 것도 아니다.

변화에 가장 빨리 적응하는 종이 살아남는다.

-찰스 다윈-

이 책의 기획 의도는 현대 직장인들이 그들의 사회생활에서 살아남기 위해 필요한 공감 커뮤니케이션 스킬을 빠르게 습득하는 것입니다. 단순히 직장에서 '살아남기' 위한 말 기술을 키우자는 것이 아닙니다. 도리어 그 이면에는 세상을 '함께 살아가기' 위한 소통능력을 공유하고 싶다는 따뜻함이 숨어있습니다.

스피치의 완성 : 열정과 진정성

스피치 교육을 하면 할수록 확신하게 되는 것이 있습니다. 좋은 스피치는 정확한 발음, 좋은 목소리를 말하는 것이 아닙니다. 화자의 '열정과 진정성'이 녹아들어 표현될 때 비로소 좋은 스피치는 완성됩니다. 훌륭한 발표는 테크닉 활용하기가 아닙니다. 상대 마음의 빗장을 열고 들어가는 것은 도리어 '테크닉'이 아닌 '진심'입니다. 논리적으로 생각하고 구조화하는 것도 중요하지만, 공감적 경청을 통해 상대를 이해하고 배려하는 말하기를 실천하는 노력이 선행되어야 합니다. 그야말로 소통을 위한 커뮤니케이션이 이루어질 때 완성도 있는 스피치가 됩니다.

진심을 알기 위해 필요한 것 : 내면과 소통

또 우리가 간과하지 말아야 할 것은 타인과의 소통 이상으로 자신과의 소통이 중요하다는 것입니다. 더욱 슬기롭고 행복한 직장생활을 위해 가끔 자신을 돌아보는 시간을 가지고 나를 토닥거려줄 수 있어야 합니다.

우리는 아직 오지 않은 미래 때문에 현실을 즐기지 못하고 있는 건 아닐까요? 미래를 준비해야 한다는 의무감으로 나에게 채찍질만 하는 것은 아닌가요? 더 성공하고 싶어서 다른 누군가를 쫓기 위해 나를 다그치기만 하고 있지는 않나요?

"지금 이대로 괜찮다. 지금 이대로도 충분해."

이런 자기연민이 또다시 내일을 살아가게 합니다. 그리고 나와의 소통을 통해 만들어진 진정한 공감 능력은 타인과의 소통에 바탕이 됩니다. 진정으로 나를 이해하고 안아줄 수 있는 마음의 여유가 다른 이도 배려할 수 있는 마음가짐을 키웁니다. 여기에 더해 앞서 함께 이야기했던 스피치 스킬을 활용한다면 여러분은 분명 자신의 자리에서 그 존재감을 빛내며 성공적인 직장생활을 해 나갈 수 있으리라 믿습니다.

집필을 마치며

책을 집필하는 과정은 저희 두 사람에게도 성장의 시간이었습니다.

"왜 우리가 더 열정적으로 강의를 해야 하는지…", "왜 지금에 머무르지 않고 열심히 연구하고 공부해야 하는지…", "왜 자만하지 않고 더 겸손히 교육생들을 만나야 하는지…." 다시금 확인할 수 있는 경험이었습니다.

또한, 강의현장에서 있었던 교육생들과의 만남을 하나하나 떠올리며 추억할 수 있는 소중한 작업이기도 했습니다.

백번을 아니 천 번을 올라도 즐거운 긴장감을 주는 강의 무대…. 그 무대를 사랑하는 두 강사의 열정은 앞으로도 식지 않을 것이며, 저희 둘의 ㅋ뜨거운 열정이 고스란히 교육생들에게 전달될 수 있도록 스스로 독려할 것을 다짐해 봅니다.

저희의 이 글이 누군가의 발표 무대를 위해 사용되고, 누군가에게는 스피치에 대한 자신감을 불어넣을 수 있는 계기가 된다면 참으로 행복할 것 같습니다. 이 책을 읽어주시는 독자 여러분께 꼭 도움이 될 수 있기를 간절히 바라며, 이 시대를 살아가는 대한민국의 모든 직장인들을 응원합니다. 화이팅!….

끝으로 집필 과정에 도움 주신 분들과 사랑하는 가족들에게 깊은 감사의 마음을 전합니다.

대한민국 직장인 스피치 교과서

잘나가는 직장인의
커뮤니케이션은
다르다

대한민국 직장인 스피치 교과서

잘나가는 직장인의 커뮤니케이션은 다르다

2019. 2. 12. 초 판 1쇄 인쇄
2019. 2. 25. 초 판 1쇄 발행

지은이 | 한수정, 조향지
펴낸이 | 이종춘
펴낸곳 | BM (주)도서출판 **성안당**

주소 | 04032 서울시 마포구 양화로 127 첨단빌딩 5층(출판기획 R&D 센터)
　　　| 10881 경기도 파주시 문발로 112 출판문화정보산업단지(제작 및 물류)
전화 | 02) 3142-0036
　　　| 031) 950-6300
팩스 | 031) 955-0510
등록 | 1973. 2. 1. 제406-2005-000046호
출판사 홈페이지 | www.cyber.co.kr
ISBN | 978-89-315-8764-7 (13320)
정가 | 16,000**원**

이 책을 만든 사람들
책임 | 최옥현
기획 · 진행 | 박남균
교정 · 교열 | 에프엔, 박남균
표지 · 본문 디자인 | 에프엔
홍보 | 정가현
국제부 | 이선민, 조혜란, 김혜숙
마케팅 | 구본철, 차정욱, 나진호, 이동후, 강호묵
제작 | 김유석

이 책의 어느 부분도 저작권자나 BM (주)도서출판 **성안당** 발행인의 승인 문서 없이 일부 또는 전부를 사진 복사나 디스크 복사 및 기타 정보 재생 시스템을 비롯하여 현재 알려지거나 향후 발명될 어떤 전기적, 기계적 또는 다른 수단을 통해 복사하거나 재생하거나 이용할 수 없음.

■도서 A/S 안내

성안당에서 발행하는 모든 도서는 저자와 출판사, 그리고 독자가 함께 만들어 나갑니다.
좋은 책을 펴내기 위해 많은 노력을 기울이고 있습니다. 혹시라도 내용상의 오류나 오탈자 등이 발견되면 **"좋은 책은 나라의 보배"**로서 우리 모두가 함께 만들어 간다는 마음으로 연락주시기 바랍니다. 수정 보완하여 더 나은 책이 되도록 최선을 다하겠습니다.
성안당은 늘 독자 여러분들의 소중한 의견을 기다리고 있습니다. 좋은 의견을 보내주시는 분께는 성안당 쇼핑몰의 포인트(3,000포인트)를 적립해 드립니다.
잘못 만들어진 책이나 부록 등이 파손된 경우에는 교환해 드립니다.

대한민국 직장인 스피치 교과서

잘나가는 직장인의
커뮤니케이션은
다르다

대한민국 직장인 스피치 교과서

잘나가는 직장인의
커뮤니케이션은
다르다

대한민국 직장인 스피치 교과서

잘나가는 직장인의
커뮤니케이션은
다르다